Violencia contra niños

José Sanmartín Esplugues (coord.)

Violencia contra niños

Ariel

Centro Reina Sofía
para el Estudio
de la Violencia

1.ª edición: mayo de 1999
4.ª edición revisada y actualizada: octubre de 2008

© 2008: José Sanmartín Esplugues (coord.)

Derechos exclusivos de edición en español
reservados para todo el mundo:
© 2008: Editorial Ariel, S. A.
Avda. Diagonal, 662-664 - 08034 Barcelona

ISBN 978-84-344-7485-7

Depósito legal: 36.455 - 2008

Impreso en España por
Book Print Digital
Botànica, 176-178
08901 L'Hospitalet de Llobregat
(Barcelona)

Queda rigurosamente prohibida, sin la autorización escrita de los titulares del copyright, bajo las sanciones establecidas en las leyes, la reproducción total o parcial de esta obra por cualquier medio o procedimiento, comprendidos la reprografía y el tratamiento informático, y la distribución de ejemplares de ella mediante alquiler o préstamo públicos.

PREFACIO A LA CUARTA EDICIÓN

Como coordinador, me siento especialmente satisfecho de este libro. Las contribuciones que lo integran siguen teniendo una gran actualidad desde el punto de vista teórico.

Sin embargo, el tiempo transcurrido dese la primera edición requería revisar las cifras del problema, pues, aunque todavía insuficientes, hoy disponemos de cálculos más aquilatados acerca de cuántos niños padecen esta forma de violencia en nuestro país. Además, tenemos mediciones más finas del peso que diferentes factores de riesgo tienen en la aparición del maltrato infantil. Todo ello ha obligado a adecuar, sobre todo, el capítulo 1 a los nuevos conocimientos.

Quiero agradecer, finalmente y como siempre, la importante ayuda que me ha prestado el personal investigador del Centro Reina Sofía y, en especial, las sugerencias y críticas de su subdirectora, Helen Blundell.

JOSÉ SANMARTÍN ESPLUGUES

Valencia, junio de 2008

INTRODUCCIÓN

Nos cuesta admitir que en la familia exista violencia, pero, desgraciadamente, la hay; y es casi obligatorio que así sea.

En la familia conviven, en un espacio normalmente reducido, personas de edades y sexos distintos, que se meten en la vida del otro y que se interrelacionan mucho sin objetivos específicos. En la familia, en definitiva, hay mucho roce, y de este roce nace el cariño, que hace del hogar un entorno cálido y afectuoso. Pero también de él nace la fricción, que puede degenerar en violencia; y las víctimas principales de esta violencia son la mujer y el niño.

Obviamente, no basta que haya fricción para que haya violencia, sino que la fricción puede ser la chispa que la desencadene; el combustible, los factores reales de la violencia, pueden ser muy diversos. Y al igual que hay mitos en torno a la familia, los hay en torno a los móviles del maltratador, sobre todo cuando maltrata a sus propios hijos.

Suele decirse que quien maltrata a sus hijos es un desequilibrado mental, ya que nos parece incomprensible que alguien, en sus plenas facultades, actúe violentamente contra sus propios hijos. Personalmente, he tenido que releer varias veces la última noticia publicada sobre el tema del maltrato infantil para llegar a comprenderla en todo su alcance. Un bebé de tres meses, en severo estado de desnutrición, ha muerto en Madrid hace unos días, al parecer, a consecuencia de una paliza a manos de su madre. El niño presentaba dos fuertes golpes, uno en la cabeza y el otro en una pierna con fractura de fémur.

Nos parece imposible que una madre en estado normal pueda hacerle algo así a su bebé. Lo cierto, sin embargo, es que sólo el 10 por ciento de los casos de maltrato infantil son obra de personas con trastornos psiquiátricos o psicopatológicos, y queda un 90 por ciento de casos en los que el maltratador está cuerdo o puede ser considerado normal según los cánones al uso.

¿Cómo puede ser que un padre cuerdo maltrate a su propio hijo hasta matarle? En Estados Unidos han muerto nada menos que 1.185 niños, en 1997, a manos de sus padres; y a éstos hay que añadir los muertos psicológicos: los niños que quedan afectados psicológica o emocionalmente porque, en muchas ocasiones, sufren reiterados malos tratos físicos o abusos sexuales. ¿Cómo puede un padre cuerdo actuar de este modo?

La respuesta es muy compleja. Por una parte, hay factores propios del individuo que maltrata, como el alcoholismo y la drogadicción, entre otros; por otra, están los factores propios de la familia en la que se da el maltrato. Por ejemplo, puede haber entre los padres e hijos una cierta aversión, basada quizá en el hecho de que el maltratador interpreta mal la conducta de sus hijos o ve frustradas las expectativas depositadas en ellos. Finalmente, hay factores propios de la sociedad que envuelve a dicha familia. No es el menor, entre ellos, el estar en paro, vivir hacinado o no contar con el apoyo social necesario.

No obstante, la complejidad es todavía mayor. La sociedad está impregnada de ideologías o principios culturales que pueden incluso justificar explícita o implícitamente la violencia con los niños. Una de esas ideologías todavía vigente es la que considera a la mujer propiedad del marido, y a los hijos propiedad de los padres. Y con lo propio —según cree aún demasiada gente— es justo hacer lo que se quiera. Ese «hacer lo que se quiera» ha consistido frecuentemente en agredir a la mujer o al hijo en el recinto privado de la familia.

La mujer está logrando en esta segunda mitad de siglo ver reconocidos sus derechos. Pese a ello, sigue muriendo víctima de la violencia brutal de su compañero. Pero la sociedad, sensibilizada ante este problema, está reaccionando cada vez con más fuerza y claridad frente a una situación que considera insostenible.

Más grave aún es el problema del niño. Entre otras cosas, porque el niño sólo en teoría es hoy ciudadano con derechos y porque la reivindicación de sus legítimos derechos —entre ellos, el de tener una protección y un cuidado adecuados— parece que siempre habrá de ser un tema que se delegue en los adultos.

Sobre éstos y muchos otros problemas vinculados a la violencia contra niños versó la III Reunión Internacional sobre Biología y Sociología de la Violencia, organizada en noviembre de 1998 por el Centro Reina Sofía para el Estudio de la Violencia que me honro en dirigir.

Parte de las actas de este encuentro, celebrado bajo la Presidencia de Honor de S.M. la Reina de España, constituyen los capítulos de este libro. La conversión de ponencias en capítulos ha sido una labor prolija y compleja, en la que han desempeñado un papel esencial los investigadores de dicho Centro. A ellos, mi agradecimiento; pues, como el lector podrá comprobar, no es éste un texto en el que se sumen sin orden ni concierto las contribuciones de algunos de los ponentes de la reunión mencionada. Todo lo contrario: es un libro con una estructura lógica clara, a la que se han subordinado las contribuciones originales de los diversos autores.

El libro consta de tres partes. En la primera se aborda el maltrato físico infantil, analizando su concepto e incidencia (Sanmartín); sus factores de riesgo (Milner), y las técnicas para su prevención y tratamiento (Wolfe). En la segunda se aborda el abuso sexual, analizando su concepto, incidencia y factores de riesgo (Echeburúa), sus efectos (Grisolía) y técnicas para su prevención y tratamiento (Bonner).

La tercera parte se dedica a una propuesta globalizadora del maltrato infantil: la denominada «victimología infantil», cuyo autor es David Finkelhor.

El profesor Finkelhor fue premiado con la Cátedra dependiente del Centro Reina Sofía para el Estudio de la Violencia que lleva el nombre del científico valenciano Santiago Grisolía, al que deseo mostrar en este punto mi profundo afecto.

Sé que cuanto se haga para poner remedio al maltrato infantil, siempre será poco. El Centro Reina Sofía para el Estudio de la Violencia contribuye a esta lucha hoy con el presente libro. No tiene la intención de quedarse en esto. Clarificar, primero, las cifras reales de maltrato infantil existente en España y, segundo, impulsar las acciones pertinentes para sensibilizar a la ciudadanía sobre esta lacra son dos objetivos que va a asumir nuestro Centro en un futuro próximo.

JOSÉ SANMARTÍN ESPLUGUES
Valencia, enero de 1999

PRIMERA PARTE

MALTRATO FÍSICO, MALTRATO EMOCIONAL Y NEGLIGENCIA

Capítulo 1

CONCEPTO, TIPOS E INCIDENCIA

por José Sanmartín Esplugues*

A Gloria

---

* José Sanmartín Esplugues es catedrático de Lógica y Filosofía de la Ciencia en la Universidad de Valencia. Ha sido investigador de la Fundación Alexander von Humboldt en la Escuela Técnica Superior de Aquisgrán y en el Instituto Max Planck de Fisiología de la Conducta y de Etología Humana. Es director del Centro Reina Sofía. Es autor de ocho libros, entre los que destacan *Los nuevos redentores* (1987), *Tecnología y futuro humano* (1990), *La violencia y sus claves* (2000; 5.ª edición actualizada, 2005), *La mente de los violentos* (2002), *El terrorista* (2005) y *El enemigo en casa* (2008). Ha compilado catorce libros, entre los que se encuentran *Violencia, televisión y cine* (1998), *Violencia y psicopatía* (2000), *El laberinto de la violencia* (2004) y *Los escenarios de la violencia* (2007). E-mail: jose.sanmartin@uv.es.

Capítulo 1.

CONCEPTO. TIPOS E INCIDENCIA.

por José San Martín Hernández

1. Introducción

Parece que siempre ha habido maltrato infantil. Incluso ha habido malos tratos institucionalizados y ritualizados que han concluido con la muerte del niño.[1] Unas veces, el niño ha sido víctima de creencias en dioses que exigían el sacrificio de sus vidas. Otras veces, lo ha sido de los derechos ilimitados que algunas culturas daban al padre sobre sus hijos. A este respecto, una de las glorias del pensamiento occidental, Aristóteles, decía que el «hijo y el esclavo son propiedad de los padres y nada de lo que se haga con lo que es propio es injusto». Y en la civilizada Roma, en reconocimiento de la *patria potestad*, el recién nacido era dejado a los pies del padre. Éste podía o no reconocerlo. Si no lo reconocía, era abandonado en la calle y, si se salvaba, pasaba a ser esclavo de quien quisiera hacerse cargo de él.

La creencia de que el hijo es propiedad de los padres que tienen sobre él derechos ilimitados impregna todos los períodos. Por cierto que, cuando el niño no es propiedad de los padres, lo es de la sociedad, con consecuencias aún más negativas. Lo que parece es que el niño nunca ha sido considerado como persona con plenos derechos humanos.

Sea como fuere, en nombre del derecho de propiedad que se dice que los padres tienen sobre sus hijos, se produjo bien entrado el siglo XIX un acontecimiento digno de ser relatado.

---

1. Sé que lo políticamente correcto es decir niño y niña. Para facilitar la lectura, incurriré a sabiendas en esta falta y emplearé el término «niño» (y su plural, «niños») como si fuese del género neutro.

Hay autores que dudan de que se produjera tal como voy a exponerlo. La historia está tan bien traída que, si no fuera verdadera en su totalidad, merecería serlo.

Mary Ellen, una niña neoyorkina nacida en 1866, era objeto de malos tratos por parte de sus padres adoptivos que, incluso, le clavaban tijeras y la mantenían atada a una cama. Los padres excusaban su conducta, basándose en que la niña les pertenecía. Alertada por los vecinos, una trabajadora de la obra social de la iglesia baptista tuvo conocimiento del caso. Trató de ayudar a la niña. Su denuncia ante los tribunales fue baldía. No existía legislación alguna que contemplase la posibilidad de proteger a un niño frente a la crueldad de sus padres. Sí la había, por cierto, para los animales. La trabajadora de la caridad buscó la ayuda de la Sociedad Americana para la Prevención de la Crueldad hacia los Animales. Nuevamente ante los tribunales se argumentó entonces que, dado que Mary Ellen era parte del reino animal, debería aplicársele la *Ley contra la crueldad con los animales* y dispensársele en consecuencia la misma protección que a un perro. Así fue como en 1874 se dictó en Nueva York por vez primera en la historia una sentencia condenatoria contra unos padres maltratadores. Algún tiempo después se fundó en Estados Unidos la Sociedad para la Prevención de la Crueldad contra los Niños. Esta sociedad fue exportada a diversos países, impulsándose medidas legales de protección infantil.

Las leyes de protección de la infancia empezaron a existir, cierto. Pero la sensibilidad social en torno a este problema siguió siendo escasa hasta bien entrado el siglo XX. Sólo entonces el maltrato infantil y, en particular, el maltrato infantil familiar dejó de considerarse un *asunto privado* para convertirse en una *cuestión social*, que requería atención política urgente. Un factor clave para la *construcción*[2] o conversión del maltrato infantil en problema social tuvo lugar en 1962.

En esta fecha, H. Kempe (junto con Silverman, Steele, Droegemueller y Silver) publicó un artículo sobre 302 casos de maltrato infantil. Kempe no descubrió, obviamente, el hecho, de sobra conocido, de que se maltrataba a los niños.

---

2. Gracia (1994).

En lo que acertó fue en la forma de presentar el problema ante la opinión pública. Lo hizo además usando una etiqueta para este tipo de maltrato que ha hecho gran fortuna: *síndrome del niño apaleado*. Finalmente, sustentó una hipótesis —la conjetura acerca de la transmisión intergeneracional de maltrato— que hoy en día sigue contando con grandes apoyos, a saber: la víctima infantil de hoy es el verdugo del mañana.

Es muy difícil dar con las claves de por qué una realidad con la que se ha convivido a veces desde tiempos inmemoriales se eleva un buen día a la categoría de problema social y, con ello, se convierte en objeto de reflexión forzosa y requiere soluciones. En nuestro siglo, ése ha sido exactamente el caso del niño, de la mujer y, más recientemente, del mayor.

Desde entonces, desde los años sesenta, ha experimentado un crecimiento exponencial el número de investigaciones —algunas muy rigurosas y fructíferas— sobre el maltrato infantil, su etiología, sus efectos, su tratamiento y su prevención. A la vez, ha ido creciendo la sensibilidad social, en gran parte por la influencia de los medios de comunicación.[3]

2. ¿Qué es el maltrato infantil?

Pero, pese al desarrollo de abundantes líneas de investigación sobre el maltrato infantil, sigue habiendo en nuestros días algunas deficiencias teóricas notables. Por ejemplo, se carece de un concepto de maltrato infantil que sea unívoco y universalmente aceptado. Las consecuencias de este hecho son importantes, en particular: autores distintos tildan de malos tratos cosas diferentes. Hay quien piensa que no importa, pues en la práctica podemos distinguir a las claras lo que es maltrato de lo que no lo es.

3. El informe anual del National Committee to Prevent Child Abuse (NCPCA), relativo a maltrato infantil en Estados Unidos durante 1999, corrobora esta hipótesis. En 1999, respecto de 1998, sigue creciendo el número de casos de malos tratos de los que tienen conocimiento los servicios de protección del menor. En opinión de la mayoría de los Estados (46, que constituyen el 96,2 por ciento de la población infantil) que contestaron el cuestionario del NCPCA en 1999, ese incremento hay que relacionarlo con distintos factores como el aumento de la *sensibilidad social* que están induciendo los medios de comunicación y la educación, cambios en el proceso de recogida de datos, modificaciones del concepto de maltrato infantil, etc. (Peddle y Wang, 2001).

Si la cosa fuera tan sencilla, no debería haber dificultades en responder, por ejemplo, a una cuestión tan común como la siguiente: dar un cachete o bofetón a un hijo, ¿es maltratarlo físicamente? Sin embargo, hay partidarios del sí y partidarios del no. Incluso hay partidarios del sí que piden la penalización de la bofetada.[4] Hay quien, por el contrario, dice que la bofetada es maltrato según las circunstancias. Por ejemplo, Martínez Roig y De Paúl (1993) establecen que «esta práctica (un bofetón a un niño) culturalmente aceptada debe ser considerada como un recurso incorrecto y no como maltrato; sólo se considerará así cuando origine una lesión importante como consecuencia de su potencia o se perpetúe como "método educativo"».

La verdad es que la posición de estos autores parece muy sensata. Vienen a decir que no hay que exagerar. Pero considero que, desde un punto de vista científico e, incluso, moral, es un tanto insostenible. Lo que sustentan es que para hablar de maltrato se requiere que la acción violenta no sea ocasional. El bofetón puede ser o no ocasional. Si el bofetón no es ocasional, es maltrato. Y si es ocasional, es como mucho un *recurso impropio*. Ante una sola violación ¿se diría lo mismo? ¿No es abuso sexual? ¿Sólo podemos hablar de abuso sexual cuando la violación se reitera? Obviamente, responder afirmativamente sería incurrir en algo más que un absurdo y en una casuística endiablada. Para unas conductas se exigiría reiteración; para otras, no. Y, para las primeras, ¿a partir de cuántas veces la conducta pasaría a tildarse de maltrato?

Parece necesario convenir una definición de maltrato infantil que evite problemas como los descritos y muchos otros colaterales. Para ello, previamente, debería disponerse de una definición de maltrato.

No soy de los autores que distinguen entre maltrato y vio-

---

4. En España, el Pleno del Congreso de los Diputados aprobó en 2007 la eliminación de dos artículos del Código Civil que concedían a padres y tutores la potestad de «corregir razonable y moderadamente» a los niños. De este modo, se consideró, desaparecía la cobertura legal que amparaba el comúnmente denominado «cachete». Personalmente creo que, en lugar de eliminar el término, hubiera convenido aclarar qué se entiende por «corregir», excluyendo cualquier forma de violencia, porque corregir forma parte obvia de la tarea de educar. Lo que nunca debería formar parte de la educación es corregir mediante violencia.

lencia. Maltratar es violentar, siempre y cuando entendamos por «violencia» cualquier acción u omisión intencional que causa o puede causar un daño. Obsérvese que no he dicho que se trate de acciones u omisiones movidas por la intención de dañar. Son acciones u omisiones intencionales y dañinas, lo que no significa que, por necesidad, sean intencionalmente dañinas. La intencionalidad se predica de la acción o de la omisión y puede ser muy distinta de causar un daño, aunque se termine causándolo. Por ejemplo, el padre que maltrata al hijo «por su bien», no tiene la intención de dañarlo, sino de enmendar su conducta. Su acción es, pues, intencional y, objetivamente hablando, causa un daño. Por consiguiente es una acción violenta, se quiera o no.

Por maltrato infantil entenderé, en consecuencia, cualquier acción u omisión intencional que causa un daño o puede causarlo a un menor (de 18 años, en España). El daño que se causa o puede causarse es de distintos tipos:[5]

1. *Maltrato físico*: cualquier acción que tienda a causar lesiones físicas a un niño (las cause o no).
2. *Abandono* o *negligencia*: cualquier inacción por la que se priva al niño de la supervisión o atención esencial para su desarrollo.
3. *Maltrato psicológico*: cualquier acción (rechazar, ignorar, aterrorizar, aislar, presenciar violencia en la pareja, etcétera) u omisión (privación de sentimientos de amor, afecto, seguridad, etc.) que tienda a agredir cognitiva o emocionalmente a un niño.[6]
4. *Abuso sexual*: cualquier acción que involucre o permita involucrar a un menor en actividades de tipo sexual.

Obviamente, el maltrato infantil, así definido, ocurre en múltiples contextos o escenarios. Uno de ellos es la familia. Se le concede tal importancia que, a menudo, cuando se ha-

---

5. El estudio de Azar y otros (1998) me parece excelente. En él se hace un buen sumario de las diversas definiciones existentes sobre el maltrato infantil en sus distintas formas y, además, se analizan los modelos empleados en cada caso para explicar las causas del maltrato, su complejidad y supuestos.
6. Por maltrato psicológico no se entiende, pues, el conjunto de consecuencias cognitivas, emocionales o comportamentales del maltrato físico o del abuso sexual. Es una forma de maltrato que tiene su propio compartimento junto a esos otros tipos de maltrato.

bla de «maltrato infantil», suele usarse esta expresión como sinónima de «maltrato infantil (intra)familiar». Aquí, mientras yo no diga expresamente lo contrario, seguiré este uso.

Se trata, sin duda alguna, de la forma de maltrato infantil más sorprendente. Pues podemos llegar a entender que un individuo que no tiene parentesco alguno con un niño lo dañe. Lo que nos resulta incomprensible es que lo hagan familiares suyos y, muy a menudo, sus propios padres.

Lo bien cierto es que la violencia está presente con frecuencia (como veremos más abajo) en la familia. Y lo está en un grado tal que autores como Gelles y Straus (1979) llegan a decir que *la familia es la institución más violenta de nuestra sociedad*, con excepción del ejército en tiempos de guerra. Debo reconocerles que a mí me producen una fuerte desazón intelectual aserciones como la de Gelles y Strauss, que no suelen ir acompañadas de datos claros que las refrenden.

Sea como fuere, el mismo Straus y Hotaling (1979) identificaron algunas características de la familia que la hacen especialmente proclive al conflicto. Desde luego, los términos «conflicto» y «violencia» no son sinónimos. Los conflictos no consisten en acciones u omisiones intencionales y dañinas. Son meros y simples choques de intereses, o de ideas y creencias. Nada más. Lo que sucede es que, a veces, los conflictos tratan de zanjarse (mal, por supuesto) recurriendo a la violencia.

Por cierto, las notas que hacen de la familia un contexto conflictivo son las mismas que hacen de ella un entorno favorable, cálido y seguro, a saber:

— Sus miembros se relacionan mucho entre sí y durante bastante tiempo.

— Esas relaciones no tienen objetivos concretos (como las de los trabajadores en una cadena de producción).

— En muchas de esas relaciones hay ganadores y perdedores (y unos ganan lo que otros pierden: se trata de las llamadas «interacciones de *suma cero*»).[7]

---

7. En una interacción tan simple como puede ser la decisión de comprar un electrodoméstico (una cadena musical o un televisor, por ejemplo), si no hay unanimidad de criterio sobre cuál adquirir, habrá miembros de la familia que se sientan *ganadores* y otros *perdedores*, según vean realizada o no su opción.

— Es frecuente que unos miembros de la familia se entrometan en los asuntos privados de los otros.

— Es frecuente que unos miembros de la familia traten de influir en la conducta, actitudes y valores de otros miembros.

— Entre los miembros de la familia hay diferencias generacionales y sexuales.

— Tradicionalmente se considera que hay que respetar de forma escrupulosa la *privacidad* de la familia, dejándola al margen de cualquier forma de intervención social.

Esa ambivalencia de la familia (institución a la vez de amor, conflicto y violencia) es un rasgo muy llamativo por lo paradójico. Tan contradictorio resulta que la familia, el agente socializador básico, la teóricamente escuela del afecto y de la paz, sea a la vez una institución violenta que hay una serie de mitos y creencias falsas sobre ella. Esos mitos niegan de raíz que en su seno pueda haber forma alguna de maltrato. Dicen así:[8]

1. El maltrato infantil es raro.
2. La violencia y el amor no coexisten en las familias.
3. La violencia familiar sólo se da en las clases sociales más bajas, económica o culturalmente hablando.
4. El maltrato infantil es obra únicamente de personas con patologías.

A los mitos cabe oponer la realidad: maltrato infantil en la familia por desgracia lo hay y, como veremos en el apartado siguiente, parece haberlo en cantidades no pequeñas. Además, ni la violencia ni el amor suelen ser puros en la familia. Es decir, coexisten ambos y lo hacen en un grado tal que, en ocasiones, los niños crecen asumiendo que es aceptable usar la violencia contra las personas amadas. Finalmente, la violencia contra los niños no parece privativa de las clases sociales más necesitadas. Lo que sucede es que nuestro conocimiento de la violencia registrada contra los niños proviene principalmente de los expedientes de los or-

---

8. Gracia y Musitu (1993).

ganismos protectores de la infancia (en especial, de los servicios sociales) y el usuario de estos organismos tiene un perfil determinado, coincidente con el de persona perteneciente a clases necesitadas. Sin lugar a dudas, el uso de la información de dichos expedientes sesga la percepción que se tiene del problema.

Y una observación más. Tan errónea es la creencia de que el maltrato infantil es exclusivo de las clases o grupos sociales necesitados, como aquella otra según la cual el agresor es una persona que sufre problemas psicológicos o psiquiátricos.

A la mayoría de la gente le resulta inexplicable que unos padres que saben distinguir entre el bien y el mal dañen a su hijo hasta el punto de (en ocasiones) privarle de la vida. De ahí que sea tan frecuente atribuir el maltrato infantil a personas con trastornos de la mente (en especial, psicosis) o de la personalidad (en particular, psicopatías). Pero, en la realidad, no es así. Los estudios que se han hecho eco de esta característica ofrecen datos parecidos: entre el diez y el veinte por ciento de los casos de maltrato infantil son causados por personas con ese tipo de trastornos. El 80 o 90 por ciento restante es obra de familiares que, según los estándares, deberían ser tildados de «normales».

3. Incidencia

La cuestión que cabría plantear ahora es en qué medida afectan estos malos tratos a la infancia. A este respecto cabe destacar que:

— La información más *fidedigna* y *objetiva* que se posee es, obviamente, la que proviene de la revisión de los expedientes de los casos registrados y confirmados en los organismos de protección del menor. Ello implica, como contrapartida, que aparezcan ciertos sesgos en las investigaciones realizadas. Como ya he dicho, parece claro que las denuncias que se formulan, por ejemplo, ante los Servicios Sociales corresponden por lo general a familias necesitadas.

— Más allá de los casos registrados, se considera que se

encuentra el mundo, probablemente inmenso, de los casos de maltrato desconocidos o que, conocidos, no son denunciados. De hecho, hay autores que consideran que los casos denunciados y confirmados son la punta de un enorme *iceberg*, pues podrían constituir sólo el diez o el veinte por ciento del maltrato realmente existente.

Pues bien, aun con estas limitaciones y ciñéndome a los casos registrados o confirmados, procederé seguidamente a ofrecer algunos datos relativos a la incidencia del maltrato infantil intrafamiliar en Estados Unidos y en España.

a) *Maltrato infantil intrafamiliar en Estados Unidos*[9]

Según los datos recolectados por el National Child Abuse and Neglect Data System (NCANDS) a partir de los expedientes abiertos en los servicios de protección de menores, la tasa de victimización del maltrato infantil intrafamiliar en Estados Unidos entre 2002 y 2006 ha permanecido más o menos estable en torno a 12 por cada mil menores.

TABLA 1.1. *Evolución de la tasa de victimización infantil intrafamiliar (por mil) (Estados Unidos, 2006). (Fuente: NCANDS)*

2002	2003	2004	2005	2006
12,3	12,2	12,0	12,1	12,1

En concreto, en 2006, 885.245 sobre un total de 73.393.862 menores fueron maltratados en la familia. La inmensa mayoría de estos niños fue víctima de negligencia, prácticamente setenta de cada cien. Le sigue en importancia el maltrato físico, con veinte de cada cien. A gran distancia quedan el maltrato psicológico y el abuso sexual (con siete de cada cien y nueve de cada cien, respectivamente). Por una parte, el bajo porcentaje de maltrato psicológico quizá se deba a su difícil objetivación y tal vez a que, socialmente, se le tiene

---

9. Los datos que siguen provienen del informe NCANDS (2008).

por menos nocivo que el maltrato físico. Por otra parte, en lo concerniente al abuso sexual, su bajo porcentaje quizá nazca del secreto que suele envolver estas prácticas. Hay autores, como D. Finkelhor (1994), que hablan de un porcentaje mucho mayor de abuso sexual: más del veinte por ciento de las mujeres adultas (no de las mujeres maltratadas, sino de las mujeres en general) dicen que han sufrido abusos sexuales en su infancia y lo mismo aducen el 10 por ciento de los hombres adultos. Pero Finkelhor, claramente, no trata sólo el abuso sexual en la familia; amplía el concepto hasta incluir cualquier experiencia abusiva de tipo sexual con contacto físico o no dentro o fuera de la familia.

Algunos otros datos de interés relativos al maltrato infantil intrafamiliar en Estados Unidos en 2006 son los siguientes:

— El porcentaje de chicas que han sido maltratadas es ligeramente superior (51,5 por ciento) al de chicos (48,5 por ciento).

— La tasa de victimización es inversamente proporcional a la edad de la víctima:

TABLA 1.2.   *Relación de la tasa de victimización infantil intrafamiliar (por mil) (Estados Unidos, 2006). (Fuente: NCANDS)*

Años	Tasa de victimización (por mil)
0-1	24,4
1-3	14,2
4-7	13,5
8-11	10,8
12-15	10,2
16-17	6,3

— La inmensa mayoría de las víctimas (82,4 por ciento) fueron maltratadas por uno de sus padres (padre o madre) biológicos.

— 1.530 niños murieron a consecuencia del maltrato intrafamiliar, con una tasa de 2,04 por cada 100.000 menores.

La tasa mayor de muertes se dio entre los niños de 0-1 años, a saber: 16,6 (18,5 para chicos y 14,7 para chicas).

b) *Maltrato infantil intrafamiliar* en España

La última investigación sobre maltrato infantil intrafamiliar a escala nacional ha sido realizada por el Centro Reina Sofía y recogida en el informe que lleva por título *Maltrato Infantil en la Familia (España, 1997-1998)*. En el marco de este estudio se revisaron los expedientes incoados en 1997 y 1998 en los Servicios Sociales de todas y cada una de las provincias españolas.[10] En total fueron analizados 32.741 expedientes y se confirmó la existencia de 11.148 menores víctimas de maltrato sobre los que se había intervenido con medidas de guarda o tutela para su protección. En términos de tasa de victimización, España queda muy lejos de Estados Unidos. Para que las cifras sean inteligibles, los cálculos se hacen por cada diez mil y no por cada mil niños. En concreto, unos siete de cada diez mil niños españoles han sido maltratados por sus padres u otros familiares. En la tabla 1.3 y la figura 1.3 se presentan los resultados referentes a incidencia y tasa de victimización por comunidades autónomas.

Las tablas 1.4 y 1.5 aportan información sobre el tipo de maltrato y el sexo de las víctimas y los agresores. Por su parte, la figura 1.1 refleja la distribución del maltrato infantil confirmado en España por tipos (físico, negligencia, psicológico y sexual).

Estos porcentajes suman más de cien, porque no se contemplan sólo casos puros de maltrato, sino también casos mixtos (negligencia y maltrato psicológico, maltrato físico y maltrato psicológico, etc.).

En España, al igual que en Estados Unidos, la negligencia ocupa el primer lugar, con un 86,4 por ciento de los casos. Pero, a diferencia de dicho país, no es el maltrato físico, sino el emocional el que ocupa el segundo lugar, con un 35,4 por ciento de los casos. El abuso sexual, de nuevo como en Esta-

---

10. En lo sucesivo, cuando se mencionen resultados de este informe, serán referenciados como CRS (2002).

TABLA 1.3. *Tasa de victimización infantil intrafamiliar (por diez mil) (España, 1997-1998). (Fuente: Centro Reina Sofía)*

Comunidad autónoma	Total	Porcentaje sobre el total	Tasa de victimización (por 10.000 menores)
Cantabria	45	0,40	2,41
C. de Madrid	1.049	9,41	5,46
País Vasco	372	3,34	5,54
Canarias	461	4,14	6,42
Navarra	118	1,06	6,43
Cataluña	1.433	12,85	6,50
Extremadura	309	2,77	6,56
Aragón	272	2,44	6,85
La Rioja	64	0,57	6,97
Andalucía	2.389	21,43	7,06
Castilla y León	628	5,63	7,51
Galicia	731	6,56	7,74
C. Valenciana	1.379	12,37	8,60
Castilla-La Mancha	619	5,55	8,62
Murcia	490	4,40	9,53
Baleares	332	2,98	10,50
Asturias	355	3,18	10,69
Ceuta	50	0,45	12,92
Melilla	52	0,47	15,19
TOTAL	11.148	100,00	7,16

TABLA 1.4. *Porcentajes de maltrato infantil en la familia según tipos (España, 1997-1998). (Fuente: Centro Reina Sofía)*

	Niños	Niñas	Total
Maltrato físico	51,8	47,7	19,9
Maltrato psicológico	52,4	47,1	35,4
Abuso sexual	18,7	81,1	3,6
Negligencia	54,0	45,3	86,4
TOTAL	53,0	47,0	

TABLA 1.5. *Porcentajes de agresores intrafamiliares según sexo y tipo de maltrato (España, 1997-1998). (Fuente: Centro Reina Sofía)*

	Hombres	Mujeres
Maltrato físico	26,93	13,02
Maltrato psicológico	41,84	30,98
Abuso sexual	7,72	0,95
Negligencia	72,79	90,39
TOTAL	43,50	56,40

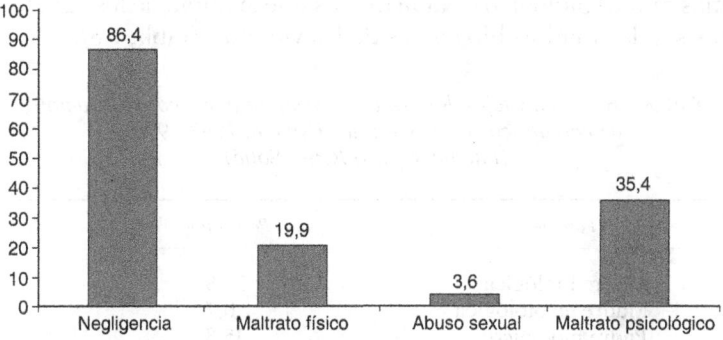

FIG. 1.1. *Porcentajes de las diversas formas de maltrato infantil intrafamiliar confirmado (España, 1997-1998). (Fuente: Centro Reina Sofía).*

dos Unidos, está muy por debajo: sólo el 4 por ciento de las víctimas (de las víctimas, que no de la población total de menores como a veces se dice erróneamente) han sufrido este tipo de abuso. Quizá, como ya he dicho, quepa explicar el bajo porcentaje del abuso sexual infantil por el secreto que suele rodearlo.[11] Además, es seguro que los casos de abuso sexual registrados en los servicios de protección del menor son los que revisten las formas más duras. De ahí, en parte, la enorme diferencia de cifras entre este estudio y otros. Además, a menudo no se especifica con claridad la muestra sobre la que se trabaja y el período que se estudia. A ese respec-

11. Sobre este problema hablo ampliamente en mi nuevo libro *El enemigo en casa* (2008).

to, cuando se dice, por ejemplo, que Félix López[12] sustenta que dos de cada diez españoles han padecido abusos sexuales durante su infancia, conviene saber que no se trata sólo de maltrato intrafamiliar y que el período no es un año determinado, sino toda la niñez. Además, no se trata de maltrato registrado, sino de maltrato detectado a partir de un sondeo.[13]

Finalmente, es de destacar que, al igual que en Estados Unidos, en España la mayor parte del maltrato infantil intrafamiliar es perpetrado por los padres: el 52,5 por ciento de los agresores son madres biológicas y el 35,8 por ciento padres (en masculino) biológicos. Nada menos que la mitad de los agresores son las madres biológicas de las víctimas (tabla 1.6).

TABLA 1.6. *Porcentajes de agresores intrafamiliares por su relación de parentesco con la víctima (España, 1997-1998).*
(Fuente: Centro Reina Sofía)

Parentesco	Porcentaje
Madre biológica	52,5
Madre no biológica	0,7
Padre biológico	35,8
Padre no biológico	4,6
Hermano(a)	0,9
Hermanastro(a)	0,1
Tío(a)	1,6
Abuelo(a)	3,4
Otros	0,3
Ns/nc	0,1

12. Véase, en particular, su libro *Abusos sexuales a menores. Lo que recuerdan de mayores*, Madrid, Ministerio de Trabajo y Asuntos Sociales, 1996.
13. La investigación de Félix López se efectuó sobre una muestra de dos mil adultos, entre los 18 y los 60 años, entendiendo por abusos sexuales los intentos de coito vaginal o anal, los coitos vaginal o anal, las caricias por encima o por debajo de la cintura, el sexo oral, la masturbación, el exhibicionismo y las proposiciones indecentes. Estas últimas, para ser atendidas, debían ser explícitas. Otros criterios manejados en la investigación eran que el agresor fuera cinco años mayor que la víctima, que esta última no tuviera más de 16 años y que, en caso de exhibicionismo, agresor y víctima estuvieran a solas. Entre los resultados principales alcanzados destacan el hecho de que el 50 por ciento de la población conoce directamente casos de abusos sexuales y que el 18,9 por ciento de los entrevistados dijo que había padecido abusos sexuales en la infancia.

Cabe matizar, sin embargo, las cifras acabadas de dar atendiendo el tipo de maltrato. En particular, las mujeres son las principales responsables de la negligencia, cosa que es bastante previsible teniendo en cuenta que el cuidado de los niños sigue estando casi exclusivamente a su cargo en España. En concreto, el 61,6 por ciento de los agresores que han incurrido en negligencia son mujeres. En cambio, los hombres son los autores casi únicos del abuso sexual (86,2 por ciento) y los mayoritarios en el caso del maltrato físico (61,4 por ciento). Finalmente, entre los agresores que han causado daño psicológico, mujeres y hombres están casi a la par: el 51 por ciento de estos agresores son hombres y el 49 por ciento mujeres.

Hasta aquí los datos del CRS (2002). En España, otra fuente posible de datos sobre el maltrato infantil registrado son las estadísticas del Ministerio del Interior (MI). Los datos de que se dispone son más recientes que los ofrecidos por el estudio mencionado del Centro Reina Sofía. Por ejemplo, entre 2002[14] y 2005 la tasa de victimización ha crecido un 37,7 por ciento, con la evolución siguiente:

TABLA 1.7. *Evolución de la tasa de victimización infantil intrafamiliar (por diez mil menores) (España, 2002-2005) (Fuente: MI)*

	2002	2003	2004	2005
Por 10.000 menores	6,1	6,6	7,9	8,4

Otros datos de interés proporcionados por el Ministerio del Interior se refieren a la edad de las víctimas (tabla 1.8). Así, aunque los menores de trece años son el grupo de edad en el que se produce el mayor número de casos de maltrato, al poner en relación los casos y el número de niños por tramo de edad son los menores de 16 y 17 los que tienen la mayor tasa de victimización (en contra, por ejemplo, de lo que sucede en Estados Unidos):

---

14. Tomo 2002 como año de referencia porque en ese año el Ministerio del Interior amplió el número de delitos y faltas contra los niños que venía contemplando en sus estadísticas. Por eso mismo, si se hubiera tomado como referencia, por ejemplo, 2001 los incrementos hubieran sido notablemente más altos.

TABLA 1.8. *Evolución de la tasa de victimización infantil intrafamiliar (por diez mil menores) por edades (España, 2002-2005) (Fuente: MI)*

	2002	2003	2004	2005
Menos de 13 años	4,2	4,5	—	5,4
13-15 años	8,6	8,8	—	12,1
16-17	13,2	15,7	—	21,3

En cuanto al sexo, también a diferencia de Estados Unidos, en España la tasa de victimización infantil es mayor entre las chicas (tabla 1.9). Además, el crecimiento de esta tasa ha sido del 17,6 por ciento para los chicos entre 2002 y 2005, y nada menos que del 53,5 por ciento para las chicas.

TABLA 1.9. *Evolución de la tasa de victimización infantil intrafamiliar (por diez mil menores) por sexos (España, 2002-2005) (Fuente: MI)*

	2002	2003	2004	2005
Chicas	7,1	8,2	—	10,9
Chicos	5,2	5,1	—	6,0

Finalmente, respecto de los menores asesinados en el ámbito familiar y, en concreto, por parte de sus padres en España, se dispone de datos aún más recientes. Según un informe del Centro Reina Sofía,[15] 59 menores murieron de forma violenta en el ámbito familiar entre 2004 y 2007, la mayor parte de ellos (48) a manos de sus padres (tabla 1.10).

TABLA 1.10. *Evolución de la incidencia de menores asesinados por sus padres en España (2004-2007). (Fuente: Centro Reina Sofía)*

	2002	2003	2004	2005
Menores asesinados por sus padres	8	13	12	15

15. Véase el documento *Menores asesinados por sus padres. España (2004-2007)*, en pdf en www.centroreinasofia.es.

Cataluña (11), la Comunidad Valenciana (11) y Madrid (8) son las comunidades autónomas en las que han sido asesinados más niños por sus padres entre 2004 y 2007 (tabla 1.11).

TABLA 1.11. *Evolución de la incidencia de menores asesinados por sus padres en España (2004-2007) por ciudades y comunidades autónomas. (Fuente: Centro Reina Sofía)*

	2004	2005	2006	2007	Total
Cataluña	1	4	2	4	11
C. Valenciana	2	4	2	3	11
Madrid	2	1	1	4	8
Canarias	1	2	0	1	4
Andalucía	1	0	1	1	3
Galicia	0	1	2	0	3
Castilla-La Mancha	0	0	1	1	2
Aragón	0	0	1	0	1
Islas Baleares	0	0	1	0	1
Extremadura	0	0	0	1	1
Murcia	0	1	0	0	1
País Vasco	1	0	0	0	1
Ceuta	0	0	1	0	1

La tasa de victimización de menores asesinados por sus padres entre 2004 y 2007 en España ha sido de casi dos (1,6) por millón, con un crecimiento del 81 por ciento (figura 1.2).

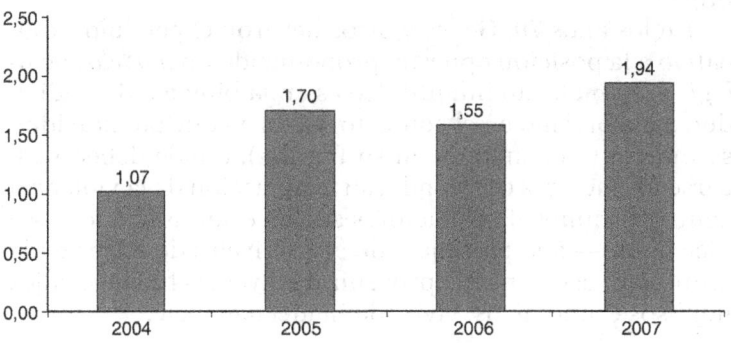

FIG. 1.2. *Evolución de las tasas de asesinatos de menores por millón en España (2004-2005) (Fuente: Centro Reina Sofía).*

4. ¿Por qué se produce el maltrato infantil?

Ya conocemos las cifras. En su mayoría están calculadas de forma muy conservadora, es decir, tirando por lo bajo. No dejan, con todo, de ser aterradoras. Que en Estados Unidos, en 2006, se produjeran 1.530 muertes de niños por malos tratos o que la tasa de muertes por maltrato infantil haya crecido un 81 por ciento en España durante los últimos cuatro años es alarmante.

¿Por qué se produce el maltrato infantil y con tal magnitud? Una excelente respuesta a esta pregunta la constituye el capítulo 2 de este libro, en el que Joel S. Milner aborda la problemática de los factores de riesgo asociados con el maltrato infantil.[16] Yo sólo me voy a permitir en este punto decir algo acerca de los diversos modelos que, desde los años 60 del pasado siglo, se han propuesto para explicar la aparición del maltrato infantil, en particular el psiquiátrico, el sociológico, el sociointeractivo y el ecológico.[17]

Ya he dicho antes que existe una cierta creencia en que sólo una persona muy trastornada es capaz de dañar intencionalmente a su hijo. Y eso es lo que viene a establecer el *modelo psiquiátrico*: el agresor es un individuo con graves trastornos de la mente o de la personalidad. En estos casos suele responsabilizarse a la biología por lo sucedido. Pero lo bien cierto es que, como ya he dicho, sólo una parte reducida (entre el 10 y el 20 por ciento) del maltrato infantil tiene ese origen.

En los años 70, Gelles y otros llevaron el péndulo explicativo a la posición opuesta, proponiendo un *modelo sociológico* del maltrato infantil. No es en la biología del individuo agresor, sino en el contexto social en que tal individuo se integra (en concreto, en su familia), donde deben buscarse los factores que conllevan la aparición de la violencia contra los niños. Esos factores suelen estar asociados —se dice ahora— a la presencia de altos niveles de estrés en la familia. El estrés puede provenir de diversas fuentes: bajos ingresos económicos, vivienda inadecuada, etc.

---

16. Asimismo, Milner (1998).
17. Gracia y Musitu, 1993, capítulos IV-VII.

El modelo sociológico tiene evidentes carencias. Desatender la contribución personal del individuo a la familia en la que se integra es renunciar a factores que contribuyen a la aparición del maltrato infantil por sí solos o en interacción con otros factores de tipo social o cultural. Me refiero, obviamente, a problemas que van desde padecer algún tipo de psicopatología más o menos grave hasta tener hábitos de vida insanos, como, por ejemplo, un consumo abusivo de sustancias tóxicas.

Además, ambos modelos sólo prestan atención al agresor. Desatienden factores que pertenecen a la (potencial) víctima y que pueden contribuir asimismo a la aparición del maltrato. Y no los tienen en cuenta porque conciben el maltrato infantil como un fenómeno unidireccional que va desde agresores hacia el niño. Sin embargo, se sabe que hay factores en éste que, en interacción con factores familiares, pueden propiciar la aparición del maltrato. Por ejemplo, el que el niño sea hiperactivo. Para dar cuenta de la existencia de estas relaciones entre agresores y víctimas se impulsó también en la década de los setenta el denominado «*modelo sociointeractivo*».

¿Con cuál de estos modelos deberíamos quedarnos? La respuesta —con Belsky y Garbarino—[18] podría ser que con ninguno y con todos a la vez. Los fenómenos psicosociales son muy complejos. No suelen tener una sola causa. Suelen nacer de la interacción de variables muy diversas y complejas. Los ámbitos, donde los factores de la violencia contra los niños se nos presentan, suelen estar encajados unos dentro de otros. El agresor se inserta en la familia, aportando a ella su herencia particular (por ejemplo, la experiencia de haber sido maltratado en su infancia). Esta familia, en la que puede haber a su vez reacciones de aversión entre sus miembros, tiene un entorno constituido por estructuras formales o informales (vecindario, lugar de trabajo, etc.). Alguna de estas estructuras puede ser desfavorable para la familia en cuestión, por ejemplo la familia puede vivir hacinada, si la vivienda en que habita tiene unas dimensiones muy reducidas. Finalmente, el individuo, la familia en que se integra y el

---

18. Véase en particular Belsky (1980) y Garbarino y Eckenrode (1999).

contexto social en que ésta se encaja, se insertan en un contexto cultural que puede estar presidido, por ejemplo, por el principio de que los hijos son propiedad de los padres y de que, como decía Aristóteles, es justo hacer lo que se quiera con lo que es propio. El cóctel explosivo está preparado. Sólo falta la chispa.

Garbarino y Belsky son los promotores del modelo que trata de explicar el maltrato infantil a partir de los *encajamientos* de esos distintos ámbitos: el individual (denominado ahora «nivel ontogenético»), el familiar («microsistema»), el social amplio («exosistema») y el cultural («macrosistema»). Se trata del modelo llamado «ecológico».

Los factores de riesgo principales asociados con el individuo (nivel ontogenético) pueden distribuirse en tres grandes grupos:

I. *Factores sociales.* Entre ellos destacan dos factores, a saber: haber padecido malos tratos durante la infancia y ser alcohólico o toxicómano.

La hipótesis de la *transmisión intergeneracional* viene a sustentar algo así como que *el maltratado se convierte en maltratador*. Hay dos maneras de contrastar esta hipótesis.

Primera. Se parte del conjunto de niños maltratados y, mediante un estudio longitudinal, se averigua años después cuántos de ellos se han convertido en adultos que maltratan a niños de la familia. Hay escasos estudios que se han ocupado en esta tarea y las cifras que se han ofrecido son muy dispares: entre el 10 y el 20 por ciento.

Segunda. Se parte del conjunto de adultos (en especial, padres) que maltratan a niños de la familia y se averigua cuántos de ellos fueron a su vez maltratados en su infancia. En este caso, los porcentajes son (como era de esperar) mayores. Por ejemplo, Glasser (2001) obtuvo confirmación de la existencia de transmisión intergeneracional del abuso sexual en un 59 por ciento de los hombres que habían sido víctimas de abuso sexual infantil. En cambio, de las 41 mujeres que habían padecido asimismo abuso sexual infantil sólo una (en torno, pues, al 2 por ciento) se había convertido en agresora sexual.

En cualquier caso, aunque las cifras son dispares y bastante confusas, podría afirmarse con cierto rigor que la gran mayoría de niños (aproximadamente ocho de cada diez víctimas) que han sido maltratados no se convierten en adultos y, en particular, en padres que maltratan a sus hijos, aunque, entre estos últimos tienen una presencia significativa quienes han padecido maltrato infantil.

Junto a la transmisión intergeneracional del maltrato, el alcoholismo y, en general, las toxicomanías aparecen como factores de riesgo de importancia creciente. En España, según el estudio del CRS (2002) ya mencionado, sobre un total de 9.889 maltratadores registrados en 1997-1998 por los servicios sociales, el 36,2 por ciento de los agresores consumía alcohol y otras drogas, cifra muy superior a la encontrada en la población general. Concretamente, un 51,3 por ciento de los agresores consumía alcohol, un 40,3 por ciento drogas, sobre todo heroína, fármacos y cocaína, y un 8,1 por ciento ambas cosas. Otros estudios sobre violencia familiar confirman un porcentaje muy similar de consumo de alcohol entre los agresores (De Paúl *et al.*, 1988).

A escala internacional no se dispone de muchos datos sobre el papel que las toxicomanías juegan en relación con el maltrato infantil. Los que hay son contundentes. Por ejemplo:

— En Estados Unidos, en el 85 por ciento de los casos de malos tratos denunciados durante 1999 ante los organismos de protección del menor estaba presente el consumo abusivo de sustancias.[19]

— En Alemania, durante el período 1985-1990, alrededor del 35 por ciento de quienes maltrataron a niños hasta causarles la muerte se encontraba bajo los efectos del alcohol en el momento del crimen, y el 37 por ciento de los agresores era alcohólico crónico.[20]

— En Londres, el 52 por ciento de las familias incluidas en el registro de protección de menores tenía problemas de consumo de sustancias (en particular, alcohol).[21]

---

19. Este porcentaje fue del 76 por ciento en 1994, del 81 por ciento en 1995, del 76 por ciento en 1996, del 88 por ciento en 1997 y del 85 por ciento en 1998. Lo que sugiere que, tras unos años de ligera mejoría, el consumo abusivo de sustancias se ha convertido en el primer factor de maltrato infantil (Peddle y Wang, 2001).
20. OMS (2006).
21. *Ibidem*.

II. *Factores biológicos.* Entre ellos, figuran principalmente tres tipos de factores:

1. *Problemas psicofisiológicos*: Destaca en este contexto la hiperreactividad fisiológica ante una serie de estímulos estresantes conectados con los niños como, en particular, su llanto.[22]

Parece que a esos mayores niveles de reactividad fisiológica subyacen algunos factores de tipo cognitivo (véase más adelante), en especial problemas con el *procesamiento de la información*, que harían que los adultos que maltratan a niños de su familia percibieran los estímulos infantiles como una amenaza, un reto a su autoridad o, simplemente, «ganas de fastidiar».

2. *Problemas neuropsicológicos*: Aunque a veces se sustenta la hipótesis de que un bajo C.I. es un factor de riesgo, lo bien cierto es que no puede asegurarse nada a este respecto.[23]

3. *Problemas de salud física*: Algunos autores han sustentado la hipótesis de que tener discapacidades o problemas de salud física es un factor de riesgo. Milner (1998) considera que quizá los agresores no tienen más problemas de salud que los no maltratadores. Puede ser que los primeros simplemente crean o digan estar más enfermos que la media. Sea como fuere, parece ser que la simple percepción de tener problemas de salud basta para que aumente el riesgo de incurrir en maltrato infantil.

III. *Factores cognitivos.* Una de las grandes aportaciones de Joel Milner a la investigación del maltrato infantil ha sido analizar el papel que ciertos problemas en el procesamiento de la información social pueden desempeñar en la aparición del maltrato infantil.

Kay Tennes describe un caso muy interesante:

> Keith tenía siete meses y comenzaba a mostrar una actividad que era cada vez más irritante para su madre. Los movi-

---

22. Crowe y Zeskind (1992) mostraron que, entre los sujetos de una muestra, los padres maltratadores se sentían más alterados emocionalmente y experimentaban una reacción fisiológica mayor ante el llanto de un niño que los padres no maltratadores.
23. Véase el capítulo 2 de este mismo libro.

mientos del niño cuando le cambiaba los pañales le resultaban insoportables y decía: «Tengo que darle azotes para que se esté quieto». Keith fue observado mientras su madre le cambiaba la ropa; estaba echado, completamente inmóvil, vigilando las manos de ésta con una expresión seria en su rostro. Tres meses más tarde, la madre se quejaba de que Keith había aprendido demasiado bien su lección. Cuando lo cambiaba de ropa se mantenía muy quieto, sin alzar siquiera las manos cuando su madre le iba a poner la camisa. Ésta decía que, «de seguir comportándose así, no tendría más remedio que volverle a dar varios azotes».[24]

La madre de Keith interpreta un «no puede» del niño como un «no quiere». Se han detectado casos en los que una madre cree que su hijo de pocos meses tiene deliberadamente una evacuación intestinal para *fastidiarla*.

He resumido así los factores de riesgo ligados al denominado «nivel ontogenético», es decir, los factores de riesgo del potencial agresor.

Este individuo se inserta en un microsistema: la familia. De este microsistema forman parte otros miembros: el cónyuge o compañero, los hijos... En la familia aparecen, entonces, factores de riesgo propios, que nacen principalmente de las interacciones entre sus componentes. Estas interacciones suelen ser muy amplias, porque, como ya he dicho, no se dan en torno a objetivos específicos (como los que están presentes, por ejemplo, en el lugar de trabajo) y, además, consumen mucho tiempo.

Podemos clasificar los factores de riesgo de la familia en los cuatro grupos siguientes:

I. *Interacciones paterno-filiales.* Puede que entre padres e hijos surja una mutua aversión que, además, puede ir creciendo con el paso del tiempo. Frecuentemente, en estos casos se trata de padres que hacen uso de técnicas de disciplina coercitiva.

II. *Interacciones conyugales.* Unas relaciones conyugales inestables, que se traduzcan en continuos conflictos entre los padres, suelen desembocar en maltrato infantil.

---

24. Citado de R. S. Kempe y C. H. Kempe (1985).

III. *Características de la familia.* Una parte importante del maltrato infantil ocurre en familias monoparentales.[25] La explicación de este fenómeno quizá radique, por una parte, en la existencia de todavía demasiados prejuicios sociales que pueden llevar al aislamiento de la familia monoparental. Ésta carecerá así del apoyo social necesario para hacer frente a una situación que, lamentablemente, suele ir acompañada de problemas económicos.

Por ello, la única forma de evitar que las familias monoparentales sean blanco de gran cantidad de factores estresantes (mala situación socieconómica, vivienda —en muchas ocasiones— inapropiada, aislamiento social...) es seguir incrementando el bienestar social y combatiendo prejuicios.

Hay que destacar asimismo que gran parte del maltrato infantil —en particular, del maltrato físico— se da en familias en las que madre e hijos conviven con un varón que no es el padre biológico de éstos.[26]

IV. *Características del niño.* Se considera, asimismo, que el niño puede tener determinadas características que, en interacción con algunas de las descritas anteriormente en el caso de los adultos, pueden inducir la aparición de maltrato. Entre esas características figuran la edad, la salud y el comportamiento. El niño que padece frecuentes enfermedades, o que tiene alguna discapacidad física, intelectual o sensorial, o, finalmente, que es hiperactivo o agresivo presenta una cierta propensión a ser maltratado. Con respecto a los factores de vulnerabilidad de los menores, los resultados del estudio del CRS (2002) indican que tan sólo una minoría de las víctimas de maltrato infantil presentaban problemas de salud: el 17,6 por ciento sufría problemas habituales de salud, el 10,3 por ciento discapacidades físicas, el 9,7 por ciento discapacidad intelectual y el 15,8 por ciento sufría trastornos psicológicos. La duda que hay en este último punto es si estas características del niño son causa o efecto del maltrato.

25. De Paúl y otros (1988). El porcentaje de madres sin pareja en familias con problemas de maltrato físico es del 25 por ciento, muy por encima del que existe en la población en general.
26. Margolin (1992) obtiene que en 539 casos de maltrato físico causado por padres no biológicos, 454 se dan en familias en las que la madre es soltera y en un 64 por ciento de estos casos el agresor es el compañero de la madre.

Hasta aquí he expuesto los factores de riesgo propios de la familia como un todo. Al igual que la familia constituye el entorno del agresor *qua* individuo, hay una serie de estructuras sociales, formales unas e informales otras, que configuran el ambiente de la familia, el denominado «exosistema». Esas estructuras pueden ser fuentes de estrés muy importantes. Entre ellas figuran:

I. *Estructura laboral.* Hay puestos de trabajo que causan gran estrés. Todavía mayor es el estrés que suele acarrear no tener empleo. Este estrés, de no ser bien manejado, puede desembocar en la aparición de maltrato infantil. Así, en España, tal y como revela el estudio del CRS (2002), de los 9.889 agresores sólo el 24,9 por ciento trabajaba.

II. *Vivienda.* Como en el caso del desempleo, habitar en una vivienda inadecuada por sus dimensiones o condiciones sanitarias es otra fuente de estrés que puede inducir la aparición de maltrato infantil.

De nuevo, en España el 57,8 por ciento de las familias en que se confirmó el maltrato infantil en 1997/1998 disponía de una vivienda que no reunía las condiciones de habitabilidad adecuadas.

III. *Apoyo social.* Puede suceder que la familia en la que ocurre el maltrato infantil carezca de apoyos sociales, en particular por parte de vecinos, amigos y familiares. Esa falta de apoyos puede llevar a la familia a una cierta situación de *insularidad* social: la familia es como una isla sin conexiones con su entorno más próximo.[27] Los resultados alcanzados en CRS (2002) ponen de manifiesto que el 51,5 por ciento de los agresores no mantenía buenas relaciones con sus familiares; el 61,1 por ciento tenía problemas de relación con sus vecinos y el 58,1 por ciento hacía uso habitual de las instituciones de apoyo de los servicios sociales.

Finalmente, el individuo, la familia y las estructuras sociales que la rodean se encajan en un entorno amplio constituido, entre otras cosas, por *ideologías* que pueden llegar a justificar el uso de la violencia contra niños. En particular estas ideologías suelen presidir dos ámbitos principales:

27. Salzinger y otros (1983).

I. *Prácticas educativas.* El refranero español es rico en sentencias que aluden al uso de la violencia contra los niños como práctica educativa adecuada. Entre ellas, «Quien bien te quiere, te hará llorar».

Todavía hoy surgen voces en algunos países reivindicando el empleo del castigo físico como práctica educativa.

II. *Actitud hacia la familia, la mujer y el niño.* Pese al tiempo transcurrido, todavía está vigente en amplias capas sociales la creencia de que la mujer es propiedad del marido y que el niño lo es de los padres.

Estas creencias convergen con lo que es un derecho: la protección de la intimidad o privacidad de la familia frente a posibles intrusiones, en particular por parte del Estado. Esa privacidad justifica, para algunos, que lo que ocurra en el interior de la familia, incluidos los malos tratos, sean cosa de la que sólo debe entender la propia familia.

El resultado de dicha confluencia entre creencias y derechos es, en demasiadas ocasiones, el siguiente: los padres se sienten con derecho a maltratar a sus hijos porque son suyos y nadie debe entrometerse en sus asuntos. Además, suele argumentarse que, si se maltrata a un hijo, es frecuentemente por su bien, para fortalecer su carácter y llevarle por la senda recta de la vida.

5. Conclusiones

Parece claro que para combatir la lacra del maltrato infantil se debería incidir sobre los factores detectados, tratando en particular de eliminar fuentes de estrés. Tener trabajo, tener unos ingresos económicos dignos, habitar en una vivienda adecuada, contar con una red de apoyo social y una formación suficiente, etc., parecen ser remedios idóneos del maltrato. Lo que también parece evidente es que, aunque resolvamos la problemática material que está en la base de la aparición de la violencia, poco habremos avanzado en nuestra lucha contra el maltrato en la familia si no procedemos a la erradicación de actitudes y conductas basadas en creencias obsoletas y hondamente discriminatorias acerca de la mujer y del niño.

Referencias bibliográficas

Altemeier, W. A. y otros (1986): «Outcome of Abusing during Childhood among Pregnant Low Income Women», *Child Abuse and Neglect*, 10, págs. 319-330.
Azar, S. T. y otros (1998): «The Current Status of Etiological Theories in Intrafamilial Child Maltreatment», en Lutzker, J. R. (ed.): *Handbook of Child Abuse Research and Treatment*, New York, Plenum Press.
Belsky, J. (1980): «Child Maltreatment: an Ecological Integration», American Psychologist, 35, págs. 320-335.
Casas, F. (1998): *Infancia: perspectivas psicosociales*, Barcelona, Paidós.
CRS (2002): *Maltrato Infantil en la Familia, España (1997-1998)*, Serie Documentos 4, Centro Reina Sofía para el Estudio de la Violencia.
— (2008): *Menores Asesinados por sus Padres (España, 2004-2007)*, www.centroreinasofia.es.
Crowe, H. P. y Zeskind, P. S. (1992): «Psychophysiological and Perceptual Responses to Infantil Cries Varying in Pitch: Comparison of Adults with Low and High Scores on the Child Abuse Potential Inventory», *Child Abuse and Neglect*, 16, págs. 19-29.
De Paúl, J. (1994): «Características psicológicas de los agresores físicos infantiles intrafamiliares», en Echeburúa, E. (ed.): *Personalidades violentas*, Madrid, Ediciones Pirámide.
De Paúl, J. y otros (1988): *Maltrato y abandono infantil. Identificación de factores de riesgo*, Vitoria, Servicio de Publicaciones del Gobierno Vasco.
Ezpeleta, L. (2005): *Factores de riesgo en psicopatología del desarrollo*, Barcelona, Masson.
Finkelhor, D. (1994): «The International Epidemiology of Child Sexual Abuse», *Child Abuse and Neglect*, 18(5), págs. 409-417.
Garbarino, J. y Eckenrode, J. (1999): *Por qué las familias abusan de sus hijos*, Barcelona, Granica.
Gelles, R. J. y Straus, M. A. (1979): «Determinants of Violence in the Family: Toward a Theoretical Integration», en Burr, R. W., Hill, R., Nye, I. y Reiss, I. L. (eds.): *Contemporary Theories about the Family* (vol. 1), Nueva York, Free Press.
Glasser, M. y otros (2001): «Cycle of Child Sexual Abuse: Links between Being a Victim and Becoming a Perpetrator», *British Journal of Psychiatry*, 179(6), págs. 482-494
Gracia Fuster, E. (1994): «Los malos tratos en la infancia», en Musitu, G. y Pat Allatt (eds.): *Psicofisología de la familia*, Valencia, Albatros.
Gracia Fuster, E. y Musitu, G. (1993): *El maltrato infantil. Un análi-*

sis ecológico de los factores de riesgo, Madrid, Ministerio de Asuntos Sociales.
Hunter, R. y Kilstrom, N. (1979): «Breaking the Cycle of Abusive Families», *American Journal of Psychiatry*, 136, págs. 1.320-1.322.
Kempe, C. H. y otros (1962): «The Battered-Child Syndrome», *Journal of the American Medical Association*, 181(17), págs. 17-24.
Kempe, R. S. y Kempe, C. H. (1985): *Niños maltratados*, Madrid, Ediciones Morata.
López, F. (1996): *Los abusos sexuales de menores. Lo que recuerdan de adultos*, Madrid, Ministerio de Asuntos Sociales.
— (1997): «Abuso sexual: un problema desconocido», en Casado, J., Díaz, J. A. y Martínez, C. (eds.): *Niños maltratados*, Madrid, Díaz de Santos.
Margolin, L. (1992): «Child Abuse by Mother's Boyfriends: why the over Representation?», *Child Abuse and Neglect*, 16, págs. 541-551.
Martínez Roig, A. y de Paúl, J. (1993): *Maltrato y abandono en la infancia*, Barcelona, Martínez Roca.
Mena, J. M. y Casado, J. (1997): «Hijos de padres alcohólicos: un grupo de riesgo», en Casado, J., Díaz, J. A. y Martínez, C. (eds.): *Niños maltratados*, Madrid, Díaz de Santos.
Milner, J. S. (1998): «Individual and Family Characteristics Associated with Intrafamilial Child Physical and Sexual Abuse», en Trickett, P. K. y Schellenbach, C. J. (eds.): *Violence against Children in the Family and the Community*, Washington DC, American Psychological Association.
NDACAN (2008): *Child Maltreatment 2006*, US Department of Health and Human Services, Washington DC, US Government Printing Office.
OMS (2006): Informe sobre Alcohol y Violencia. Maltrato infantil y alcohol, Ginebra (www.who.int/violencia_injury_prevention/publications/violence/en/index.html).
Peddle, N. y Wang, C. (2001): *Current Trends in Child Abuse Reporting and Fatalities: The 1999 Fifty State Survey*. Chicago, Prevent Child Abuse America.
— (2002): *Current Trends in Child Abuse Reporting and Fatalities: The 2000 Fifty State Survey*. Chicago, Prevent Child Abuse America.
Salzinger, S. y otros (1983): «Mother's Personal Social Networks and Child Maltreatment», *Journal of Abnormal Psychology*, 92(1), págs. 68-76.
Sanmartín Esplugues, J. (2000): *La violencia y sus claves*, Barcelona, Ariel (5.ª ed. actualizada, 2005)
— (2008): *El enemigo en casa*, Barcelona, Nabla.
— y otros (2004): *El laberinto de la violencia*, Barcelona, Ariel.
Straus, M. A. y Hotaling, G. (1979): *The Social Causes of Husband-Wife Violence*, Minneapolis, Minneapolis Univ. Press.

Capítulo 2

FACTORES DE RIESGO*

por Joel S. Milner**

---

* Versión española de Teresa Farnós.
** Joel S. Milner es profesor del Departamento de Psicología de la Universidad de Northern Illinois, y director del Centro para el Estudio de la Violencia Familiar y la Agresión Sexual de este departamento. Ha publicado más de 140 artículos y varios libros relacionados con la violencia familiar. Asimismo, ha recibido numerosas becas y premios por sus investigaciones sobre violencia familiar y maltrato infantil por las instituciones más prestigiosas de EE.UU. Colabora como editor en varias revistas: *Violence and Victims, Journal of Family Violence, Journal of Aggression, Maltreatment & Trauma, Criminal Justice and Behavior*. E-mail: jmilner@niu.edu.

Capítulo 2

FACTORES DE RIESGO

por José S. Aranda*

1. Introducción

Este capítulo describe aquellas características individuales y familiares que se cree que están asociadas con la aparición del maltrato físico infantil. Nuestro análisis de los factores de riesgo se basa en referencias bibliográficas que se describen en otro lugar (Milner, 1998; Milner y Crouch, 1998; Milner y Dopke, 1997). Para entender el problema adecuadamente sería necesario considerar las características de quien maltrata y de su familia como parte de un conjunto mayor que incluyese factores sociales (por ejemplo, Limber y Nation, 1998) y culturales (por ejemplo, Tolan y Guerra, 1998). Desde este punto de vista, la interacción padres-hijos se percibe como el contexto inmediato, mientras que la sociedad y la cultura constituyen contextos más amplios que influyen sobre el riesgo de maltrato infantil (Belsky, 1980, 1993). Aunque este capítulo tiene como objetivo principal analizar los factores de riesgo, es necesario subrayar que hay influencias potenciadoras y compensadoras del riesgo de maltrato infantil (Cicchetti y Rizley, 1981).

2. Definiciones de maltrato físico infantil

La mayoría de los estudios publicados —que han investigado los factores asociados con el maltrato físico infantil— requieren que haya lesiones físicas para hablar de maltrato.

Uno de los motivos de este requisito es que la mayoría de los estudios sobre maltrato físico infantil se han realizado en Estados Unidos y las leyes de este país al respecto aluden expresamente a la existencia de lesiones físicas. No obstante, son cada día más los estudios (especialmente los que tratan efectos del maltrato físico infantil) en los que, para definir el maltrato físico infantil, se requiere que los padres se comporten violentamente desde un punto de vista físico, causen o no lesiones físicas (por ejemplo, Downs, Miller, Testa y Panek, 1992; Merrill, Hervig y Milner, 1996; Muller, Caldwell y Hunter, 1994; O'Keefe, 1995; Riggs, O'Leary y Breslin, 1990; Widom y Shepard, 1996).

Una definición general, similar a las usadas en múltiples trabajos de investigación sobre los factores de riesgo del maltrato físico infantil, es la siguiente:

> El maltrato físico infantil es la generación, desarrollo y/o promoción activa de conductas, sucesos y/o situaciones bajo el control de los padres que se traducen en lesiones físicas intencionales causadas a un menor de 18 años.

Además, en la mayoría de los trabajos de investigación, los padres que maltratan físicamente a sus hijos son aquellos de los que ya se tiene una constancia acerca de este tema en las agencias de servicios sociales y que han aceptado voluntariamente participar en la investigación. En España, la definición más común del maltrato físico infantil utilizada por los servicios sociales requiere también la existencia de lesiones físicas o el riesgo de padecerlas (J. de Paúl, comunicación personal, 22 de mayo de 1998). Ésta es la definición más frecuente en la investigación sobre maltrato físico infantil realizada en España.

3. Características del maltratador

Los factores que pueden llevar a un individuo a maltratar físicamente a un niño se clasifican en sociales, biológicos, cognitivo-afectivos y comportamentales (Milner, 1998; Milner y Crouch, 1998; Milner y Dopke, 1997). La tabla 2.1 reco-

TABLA 2.1. *Ejemplos de características individuales relacionadas con el maltrato*

Factores sociales

— Padre (madre) no biológico
— Familia monoparental
— Edad (padres jóvenes)
— Educación (falta de educación)
— Historial de maltratos infantiles:
  • Ser objeto de maltrato u observarlo
  • Falta de apoyo social

Factores biológicos

— Reactividad psicofisiológica
— Deficiencias neuropsicológicas
— Problemas de salud física

Características cognitivo/afectivas

— Falta de autoestima
— Problemas en el procesamiento de la información:
  • Esquemas preexistentes distintos:
    ▪ Creencias negativas acerca de sus hijos
    ▪ Creencias negativas acerca de sus propias capacidades
  • Codificación errónea de la información
  • Expectativas diferentes
  • Evaluaciones negativas
  • Atribuciones diferentes
  • Menor empatía
  • Altos niveles de afecto negativo:
    ▪ Angustia
    ▪ Depresión
    ▪ Ansiedad
    ▪ Hostilidad/temor
  • Otras psicopatologías

Características comportamentales

— Interacciones problemáticas entre padres e hijos
  • Menor interacción en conjunto
  • Más intrusiones maternas
  • Más comportamientos negativos (por ejemplo, agresiones verbales y físicas)
  • Menos razonamientos y explicaciones
  • Menos uso de premios
  • Menos juegos y afecto
  • Más respuestas inconsistentes, especialmente con el comportamiento prosocial
— Habilidades inadecuadas para afrontar situaciones
— Aislamiento social
— Uso de alcohol y drogas

ge ejemplos de los factores de riesgo individuales representativos de cada uno de estos conjuntos.

3.1. FACTORES SOCIALES

Entre los factores de riesgo sociales se incluyen:

— ser padre (o madre) no biológico;
— ser familia monoparental y/o ser padre(madre) joven;
— tener bajo nivel de estudios.

Los padres que maltratan físicamente a sus hijos, en comparación con los que no lo hacen, suelen haber padecido u observado malos tratos en su familia cuando eran niños. Aunque haber padecido maltratos durante la niñez y tener un estatus económico bajo se asocian con el riesgo de maltratar físicamente a los hijos, tanto en los casos constatados en las agencias de servicios sociales como en los sondeos generales que se han realizado a la población, la mayoría de los padres que han sufrido maltrato en su infancia o que son pobres no maltratan físicamente a sus hijos. Lo que lleva a pensar que haber padecido maltrato en la infancia y tener un estatus socioeconómico bajo son factores que covarían con otros que son los que realmente están asociados con el riesgo de maltratar físicamente a los niños. Por ejemplo, el estatus socioeconómico bajo podría estar relacionado con el riesgo de maltrato infantil porque se asocia con niveles más bajos de afecto paterno, con una comunicación pobre y unas interacciones negativas entre padres e hijos. Entre otras variables que covarían con ingresos bajos se encuentran, además: ser una familia monoparental; tener menor educación; tener unos niveles más bajos de salud física y niveles más altos de angustia y psicopatología (por ejemplo, Herrenkohl, Toedter y Yanushefski, 1984).

Mientras que la falta de recursos es un factor de riesgo, disponer de los recursos económicos suficientes actúa como un mecanismo compensatorio que reduce la probabilidad de aparición de maltrato físico infantil. Pero de nuevo el nivel de recursos económicos está asociado con otros factores que son los que, en realidad, están más directamente relacionados con el riesgo. Por ejemplo, unos ingresos familiares altos se asocian con un comportamiento más afectuoso, con un grado mayor de comunicación paterna y con una interacción positiva entre padres e hijos (por ejemplo, Herrenkohl y otros, 1984).

3.2. FACTORES BIOLÓGICOS

Entre los factores de riesgo biológicos figuran:

— problemas psicofisiológicos;
— problemas neuropsicológicos;
— problemas de salud física.

Knutson (1978) sustenta que los padres que maltratan físicamente a sus hijos son hiperreactivos. Bauer y Twentyman (1985) aseveran que estas personas son hipersensibles a ciertos estímulos. Aunque los datos no son siempre consistentes (véase McCanne y Milner, 1981), los estudios psicofisiológicos sustentan la tesis de que en comparación con padres de un grupo control, los padres maltratadores y de riesgo tienen una reactividad fisiológica mayor ante estímulos relacionados con los niños y ante estímulos estresantes, aunque no estén relacionados con los niños. Pese a que no se ha demostrado la forma en que esa mayor reactividad fisiológica influye en el maltrato, se sabe que el aumento del arousal puede interrumpir el procesamiento de información que se necesita para entender y dar una respuesta adecuada al comportamiento de los niños (véase Milner, 1993, 1995 y en prensa).

Aunque carecemos de datos que conecten claramente los problemas neurológicos con el maltrato físico infantil (véase Milner y McCanne, 1991), Elliott (1988) ha sugerido que algunas deficiencias cognitivas específicas como, por ejemplo, los problemas en el procesamiento verbal, que son independientes del cociente intelectual (CI) global, reducen la capacidad de los padres para afrontar los problemas familiares e incrementan el riesgo de maltrato infantil. En apoyo de esta hipótesis de Elliott, Nayak y Milner (1998) aseguran que, con un mismo CI, las madres de alto riesgo —comparadas con madres socialmente consideradas de bajo riesgo— presentan un rendimiento inferior de las medidas neuropsicológicas y de la capacidad conceptual, la flexibilidad cognitiva y la resolución de problemas. En un análisis posterior, en el que se controlaron estadísticamente los niveles maternos de depresión y ansiedad, no se hallaron diferencias significativas entre ambos grupos en lo concerniente al rendimiento neuropsicológico. Este hecho nos llevó a pensar que pudieron haber sido la ansiedad y la depresión los factores que produjeron esas diferencias. No obstante, ya que los datos son correlacionales, no se puede determinar si el afecto negativo es quien causa las deficiencias neuropsicológicas o si, por el contrario, son las deficiencias neuropsicológicas las que llevan a las madres a experimentar niveles más elevados de depresión y ansiedad. Algunos autores han descubierto que los padres que maltratan físicamente a sus hijos, comparados con otros padres, presentan con mayor frecuencia minusvalías y problemas de salud física (por ejemplo, Conger, Burgess y Barrett, 1979; Lahey, Conger, Atkeson y Treiber, 1984; Milner, 1986), y otros (Steele y Pollock, 1974) aseveran que los maltratadores padecen más enfermedades psicosomáticas. Aunque no está claro si los padres que maltratan físicamente a sus hijos tienen más problemas de salud física o, simplemente, dicen que tienen más problemas de salud física que los padres de grupos control, parece que sólo la simple percepción de tener problemas de salud física está asociada con un aumento del riesgo de incurrir en maltrato físico infantil.

3.3. FACTORES COGNITIVO/AFECTIVOS

Los factores de riesgo cognitivos y afectivos incluyen un gran número de características. Se han identificado, por ejemplo, una serie de problemas conectados con el procesamiento de la información social relacionada con el maltrato. Entre padres maltratadores y de alto riesgo, por un lado, y padres de un grupo de control, por otro, se ha descubierto que difieren los esquemas preexistentes, las percepciones, las interpretaciones, las evaluaciones y las actividades integradoras relacionadas con sucesos que tienen que ver con los hijos (véase Milner, 1993, 1995).

Parece que los padres que maltratan físicamente a sus hijos tienen unos esquemas preexistentes que incluyen creencias sesgadas (negativas) acerca de sus características personales y de su capacidad. Por ejemplo, los maltradores tienden a considerar que sus hijos están menos dotados intelectualmente, son más hiperactivos, problemáticos, traviesos, agresivos y desobedientes. Los padres maltratadores (comparados con los que no lo son) creen de sí mismos que carecen de capacidad para controlar sus acciones y poseen una menor autoestima.

También parece que poseen problemas de percepción; por ejemplo, tienen dificultades a la hora de identificar con precisión algunas indicaciones. Así, las madres maltratadoras y de alto riesgo (comparadas con las que no lo son) cometen más errores a la hora de reconocer las expresiones emocionales (visuales y auditivas) de niños y adultos. Ese error puede incrementar la probabilidad de entender mal las necesidades y motivaciones de los niños, lo que contribuye a enfocar mal la resolución de sus problemas.

Los padres maltratadores y de alto riesgo interpretan y evalúan de forma incorrecta el comportamiento de sus hijos, especialmente en situaciones que envuelven conductas infantiles complejas. Con una mayor frecuencia tampoco suavizan la información que reciben sobre la conducta negativa de sus hijos, hacen evaluaciones más pesimistas (por ejemplo, sobre la gravedad y la incorrección) del comportamiento de sus hijos (especialmente en situaciones ambiguas y de la vida ordinaria), responsabilizan al niño por su conducta negativa y le atribuyen intenciones negativas.

En consecuencia, se asevera que, en comparación con padres no maltratadores, los que sí lo son despliegan una menor empatía. Además, hay investigaciones que establecen que la empatía de madres de alto riesgo no se altera de forma significativa en respuesta al llanto infantil, mientras que sí lo hace la empatía de las madres de bajo riesgo. Estos descubrimientos son importantes porque se ha puesto de manifiesto que la empatía está asociada con niveles crecientes de comportamiento altruista incompatible con la expresión de la agresión (por ejemplo, Miller y Eisenberg, 1988; Feshbach y Feshbach, 1982). Lo que queda por estudiar es el grado en el que las diferencias de empatía de los padres maltratadores y de alto riesgo se deben a problemas específicos de alguno de sus componentes (por ejemplo, no tener perspectiva ni respuesta afectiva adecuada).

En general, los factores de riesgo de tipo afectivo son aquellos que representan sentimientos negativos (por ejemplo, angustia, depresión, aislamiento, ansiedad, hostilidad e ira). En la actualidad, las investigaciones permiten decir que la relación entre la afectividad negativa de los padres y el maltrato físico infantil es significativa. Hay quien considera que el afecto negativo previo no es anterior al maltrato, sino al revés, porque estamos hablando de padres que han entrado en contacto con los servicios sociales por haber maltratado a sus hijos, siendo este contacto el que incrementa su afecto negativo hacia ellos. Con todo, se ha investigado la influencia del afecto negativo en el caso de padres de alto y bajo riesgo, así como en el caso de adultos de bajo riesgo que no son padres, y los descubrimientos de estos estudios permiten aseverar que el afecto paterno negativo es un factor de riesgo que precede al maltrato y al contacto con los servicios sociales. Y el afecto negativo es un factor de riesgo porque parece que dificulta el procesamiento de información e incrementa el uso de técnicas disciplinarias severas, incluso en el caso de padres que no son maltratadores.

Aunque los padres que maltratan físicamente a sus hijos manifiestan unos niveles más altos de afecto negativo, la investigación en este campo ha constatado que la mayoría de estos padres no son enfermos mentales (en términos de enfermedad mental diagnosticable). No obstante, cuando está presente algún tipo de psicopatología parece ser que se incrementa el riesgo de tener problemas con los hijos. La psicopatología quizá sea más común en casos severos de maltrato físico infantil, como aquellos en los que los padres causan graves quemaduras o asesinan a sus hijos. Finalmente, además de poseer una psicopatología diagnosticada, el hecho de que los padres pierdan su estabilidad emocional se ha asociado frecuentemente con el hecho de tener problemas con los hijos, incluyendo entre ellos el maltrato físico infantil.

3.4. FACTORES COMPORTAMENTALES

Los padres maltratadores se relacionan menos con sus hijos que los padres que no lo son, y, cuando lo hacen, suelen comportarse de forma negativa; es decir, se entrometen más en sus vidas y emplean más a menudo prácticas disciplinarias severas, llegando incluso a agredir verbal y físicamente a sus hijos. Los padres maltratadores razonan, explican, elogian y premian menos a sus hijos, juegan menos con ellos y les manifiestan menos afecto. Estos padres no dan respuestas adecuadas al comportamiento social de sus hijos. Muchas de estas características de la conducta, que han sido observadas en estudios realizados en Estados Unidos (véanse Milner, 1998; Milner y Crouch, 1998; Milner y Dopke, 1997), han sido detectadas también en estudios realizados en España (por ejemplo, Cerezo, D'Ocon y Dolz, 1996; Dolz, Cerezo y Milner, 1997).

Además de problemas de interacción con sus hijos, los padres que maltratan presentan problemas de interacción con otros adultos, estableciendo con frecuencia unas relaciones interpersonales inapropiadas. Se considera que esta deficiencia puede estar relacionada con la sensación que tienen los padres maltratadores de sentirse solos y aislados. Los padres que maltratan suelen ser también incapaces de afrontar el estrés de la vida cotidiana, lo que parece deberse a ciertas deficiencias en su capacidad para resolver los problemas. Se piensa que estas deficiencias contribuyen a esos niveles más altos de afecto negativo que dicen padecer.

Entre los factores comportamentales de riesgo figura el uso del alcohol y de las drogas, aunque se ha cuestionado la calidad de los estudios que relacionan el uso de drogas y el maltrato infantil (Leonard y Jacob, 1988). Investigaciones recientes (Kelleher, Chaffin, Hollenberg y Fischer, 1994), que han evitado muchos de los problemas estructurales en que incurrían estudios anteriores, sugieren la existencia de una relación entre el alcohol, drogas y el maltrato físico infantil. Esta relación seguía dándose tras poner bajo control algunos factores que podían inducir a confusiones; es decir, factores como el tamaño del hogar, la depresión, el trastorno antisocial de la personalidad y el apoyo social del entorno. Además, es posible que el uso de alcohol y drogas esté relacionado con las formas más severas de maltrato físico infantil (Famularo, Stone, Barnum y Wharton, 1986).

4. Características familiares

Los factores de riesgo familiares se solapan con muchos de los factores de riesgo individuales antes mencionados. La tabla 2.2 recoge algunos ejemplos de factores de riesgo familiares para el caso del maltrato físico infantil. Entre los factores de riesgo esenciales figuran características demográficas (sociales), como las referidas al hecho de que un gran número de familiares vivan juntos en un entorno inadecuado y la carencia de recursos. A medida que aumenta el número de factores estresantes experimentados por los miembros de la familia, también lo hace el riesgo de maltrato infantil (Justice y Calvert, 1990). Asimismo, son factores de riesgo la escasa comunicación entre los miembros de la familia y la pérdi-

TABLA 2.2. *Ejemplos de características familiares relacionadas con el maltrato*

— Características demográficas:
  • Muchos hijos
  • Falta de recursos (chabolismo, desempleo, etc.)

— Estresantes múltiples
— Falta de comunicación entre los miembros de la familia
— Pérdida de la cohesión y del apoyo familiar
— Conflictos verbales y físicos, incluyendo el maltrato a la mujer
— Relaciones padres-hijos inadecuadas, incluyendo el abuso sexual
— Aislamiento social de los miembros de la familia
— Factores que tienen que ver con el propio niño
  • Apariencia
  • Comportamiento

da de la cohesión familiar y de la capacidad de expresar sentimientos. El riesgo de maltrato físico infantil aumenta también cuando en el seno de la familia hay muchos conflictos verbales y físicos (incluyendo el maltrato a la mujer); relaciones inadecuadas entre padres e hijos (por ejemplo, abandono y abuso sexual infantil); desacuerdos entre los padres respecto de la disciplina infantil y aislamiento social de sus miembros (Justice y Calvert, 1990; Mollerstrom, Patchner y Milner, 1992; Trickett y Sussman, 1989).

Tradicionalmente se ha creído que hay algunas características y comportamientos del niño que lo hacen más proclive a ser maltratado porque contribuyen a que se produzcan unas interacciones negativas entre padres e hijos (por ejemplo, Friedrich y Boriskin, 1976). Es más, la mayoría de modelos interactivos del maltrato infantil incluyen al niño como un componente significativo. Entre las características y comportamientos problemáticos del niño (que se mencionan con mayor frecuencia) figuran la de ser prematuro; pesar poco al nacer; tener alguna discapacidad o poseer un temperamento difícil. Sin embargo, recientemente se ha cuestionado el grado en que estas características contribuyen a que aparezca el maltrato físico infantil (por ejemplo, Ammerman, 1991). Tampoco está claro si algunas características infantiles (por ejemplo, niños con problemas comportamentales) preceden al maltrato o son una consecuencia de éste. Por tanto, sigue siendo una cuestión abierta si las características infantiles pueden, o no, verse como factores de riesgo del maltrato físico infantil, especialmente antes de que aparezca.

5. **Limitaciones de la investigación sobre el maltrato físico infantil**

Hay una serie de problemas que limitan la utilidad de la revisión que hemos realizado de la investigación sobre maltrato físico infantil. Entre ellos figuran cuestiones referidas a la teoría, las definiciones, la muestra, el diseño y las mediciones empleadas en el marco de la investigación. La tabla 2.3 recoge algunos ejemplos de estas limitaciones, que pasaremos a abordar seguidamente.

TABLA 2.3. *Ejemplos de las limitaciones en la investigación*

Teoría
— A menudo no existe o es demasiado amplia.
— Si se analiza una teoría, es frecuente que no se aplique para guiar la investigación (por ejemplo, no se plantean hipótesis).
— Hay estudios sobre un único factor o sólo listas de factores.
— A menudo no se tienen en cuenta adecuadamente las interacciones.
— No se consideran los factores compensadores.
— No se tiene en cuenta la fase evolutiva del niño.
— No se utilizan los resultados para elaborar una teoría.

Definiciones
— Algunos investigadores todavía combinan todos los tipos de maltrato mientras otros prefieren manejar tipologías para cada tipo de maltrato.
— Incluso cuando hay un consenso general sobre las agrupaciones, las definiciones pueden variar (por ejemplo, se pueden manejar los términos «lesión física» o «agresión física» para definir el abuso físico infantil).
— Quién califica (por ejemplo, el tribunal o los servicios sociales).

Muestras
— Grupos accesibles pero no representativos de agresores.
— Muestras pequeñas.
— Raramente se estudia a los padres (varones).
— Pocas veces se tienen en cuenta el género y la edad del niño.
— Se recopilan pocos datos sobre las variables étnicas o culturales.

Diseño de las investigaciones
— La mayor parte son estudios correlacionales y transversales.
— Pocos estudios manipulan variables.
— Algunos estudios no controlan las variables demográficas.
— Surge el problema de qué variables controlar.
— Los estudios son retrospectivos (se realizan después del abuso).
— A menudo son estudios análogos.
— Hay problemas para identificar qué es causa y qué es efecto (por ejemplo, al observar que una persona tiene depresión y no maneja bien a un niño, la pregunta es: ¿la depresión causa los problemas de manejo del niño, o son los problemas de manejo del niño la causa de la depresión?).

La medición
— A menudo usan medidas no estandarizadas.
— A menudo no está claro si las medidas evalúan el constructo.
— A menudo no está claro si las medidas son adecuadas para la muestra que se está investigando.
— Pocos estudios utilizan medidas diversas.

Un primer problema consiste en que, a menudo, en las investigaciones sobre el maltrato infantil no hay teoría o ésta está subdesarrollada. Y cuando hay planteamientos teóricos, muchas veces no orientan la investigación (por ejemplo, no se explicitan las hipótesis). Además, con frecuencia se diseñan estudios para investigar factores aislados o listas de factores. Sólo ahora se ha iniciado el estudio de interacciones potenciadoras y/o compensadoras. Normalmente no se presta atención a la posibilidad de que algunas carencias paternas (incluyendo el comportamiento del maltratador) dependan del nivel de desarrollo del niño. Asimismo, cuando hay resultados, los investigadores no los utilizan para consolidar la teoría, sino que sirven para acrecentar la virulencia de las discusiones sobre su posible aplicación práctica.

Otro de los problemas con los que se encuentran los investigadores y aquellas personas que se ven afectadas por el maltrato infantil es el de la diversidad de las definiciones. En un extremo están quienes no distinguen entre las diferentes formas de maltrato infantil y en el otro se hallan quienes prefieren usar clasificaciones que intentan diferenciar subtipos dentro de los diferentes tipos de maltrato infantil. La inexistencia de una definición común de maltrato infantil dificulta —y en ocasiones imposibilita— la comparación entre los resultados de distintas investigaciones.

Además de problemas de definición, la bibliografía sobre el maltrato infantil evidencia ciertas limitaciones en las muestras empleadas, ya que, frecuentemente, éstas son poco representativas y pequeñas. Así, en los diseños experimentales en los que se manipulan variables, las muestras (al igual que los grupos control) suelen tener entre 10 y 15 individuos. Además, la abrumadora mayoría de los individuos de la muestra que maltratan físicamente a sus hijos son madres, por lo que carecemos de información sobre los padres maltratadores. De igual forma, los investigadores no suelen tomar en cuenta el sexo y la edad de la víctima infantil, y hay pocos datos sobre el papel que las variables étnicas y culturales juegan en la aparición del maltrato físico infantil.

En lo que concierne a sus diseños, la mayoría de los estudios son correlacionales. Sólo hay un pequeño grupo de estudios que utilizan diseños experimentales en los que se han manipulado variables. Aunque crece el número de estudios que usan grupos control (o variables demográficas de control), algunos no supervisan de manera adecuada los factores sociales que pueden dar lugar a errores. Otra limitación que suelen presentar los diseños es la de que, normalmente, los estudios se hacen una vez que ha ocurrido el maltrato, lo que imposibilita determinar si los factores correlatados con el maltrato físico infantil lo preceden o no.

Finalmente, hay una serie de problemas con las mediciones de los datos, que limitan la representatividad de los resultados. En primer lugar, muchos estudios utilizan medidas no estándar, con escasa o nula información acerca de su fiabilidad y validez. Este hecho provoca que a menudo no esté claro si las medidas evalúan, o no, adecuadamente los datos en cuestión. En segundo lugar, en otros estudios no está claro si las medidas son apropiadas para la muestra que se está investigando. Aunque resulta conveniente usar métodos diversos que empleen medidas diversas, los estudios rara vez utilizan más de una variable.

6. Conclusiones

Por una parte, las familias monoparentales, los padres jóvenes y los cuidadores no emparentados biológicamente con los niños figuran entre quienes tienen una mayor probabilidad de maltratarlos físicamente. Los padres que maltratan a sus hijos suelen haber sido maltratados en su infancia y no han tenido el apoyo de sus familias de nacimiento. Aunque haber sufrido maltrato en la infancia y tener un estatus socioeconómico bajo están asociados con un riesgo alto de maltratar a los hijos, parece que estos factores son marcadores que covarían con otros factores que son los que realmente tienen que ver con la probabilidad de que se dé maltrato infantil. Por otra parte, hay datos que indican que los padres que maltratan físicamente a sus hijos manifiestan una reactividad fisiológica mayor ante los estímulos infantiles. Sin embargo, no está tan claro que los padres maltratadores tengan problemas neuropsicológicos que puedan perturbar el procesamiento de la información relacionada con el niño.

Los padres que maltratan físicamente a sus hijos presentan un bajo nivel de autocontrol y autoestima, y carecen de sentimientos de valía personal. Asimismo, tienen unas expectativas inapropiadas respecto de sus hijos y, en algunos contextos (por ejemplo, en situaciones ambiguas y de la vida cotidiana), creen que el comportamiento de sus hijos es más negativo de lo que realmente es, les atribuyen intenciones malévolas y hostiles cuando los juzgan, y sienten menos empatía hacia ellos.

La mayoría de los estudios indican que los padres que maltratan físicamente a sus hijos experimentan más estrés y una mayor angustia personal, un mayor afecto negativo (como ansiedad, depresión, ira y hostilidad), se sienten más aislados y solos, y tienen una capacidad menor para usar los recursos individuales y sociales. Por otra parte, el consumo de drogas se ha asociado con el maltrato físico infantil y puede ser un factor importante del maltrato severo. Además, en términos comportamentales, se comunican e interactúan menos con sus hijos, y, cuando lo hacen, son más invasivos e inconsistentes, usan más técnicas disciplinarias severas y practican menos comportamientos positivos (razonan, premian y explican menos las cosas a sus hijos).

Los factores de riesgo familiares son similares a los individuales que acabamos de mencionar, e incluyen la carencia de recursos y la existencia de numerosos factores estresantes. Las familias de riesgo presentan mayores dosis de conflicto verbal y físico entre sus miembros, evidencian menos cohesión y capacidad expresiva, así como un mayor aislamiento social.

Desde un punto de vista metodológico, cabe constatar que el primer bloque de investigaciones sobre maltrato físico infantil consta, principalmente, de estudios correlacionales sobre factores de riesgo de maltrato. Queda por determinar qué factores de riesgo son marcadores y cuáles son variables causales. Hemos de explicar aún cómo interaccionan algunas variables (individuales y familiares) potenciadoras y compensadoras, para provocar la agresión verbal y física de los niños.

Finalmente, es necesario clarificar cómo contribuyen a la aparición del maltrato físico infantil los diferentes contextos sociales (por ejemplo, la violencia en la comunidad familiar) y culturales (por ejemplo, el valor social del castigo físico).

Referencias bibliográficas

Ammerman, R. T. (1991): «The role of the child abuse: a reappraisal», *Violence and Victims*, 6, pp. 87-101.

Bauer, W. D. y Twentyman, C. T. (1985): «Abusing, neglectful, and comparison mother's responses to child-related and non-child related stressors», *Journal of Consulting and Clinical Psychology*, 53, pp. 335-343.

Belsky, J. (1980): «Child maltreatment: an ecological integration», *American Psychologist*, 35, pp. 320-335.

Cerezo, M. A.; D'Ocon, A. y Dolz, L. (1996): «Mother-child interactive patterns in abusive families: an observational study», *Child Abuse & Neglect*, 20, pp. 573-587.

Cicchetti, D. y Rizley, R. (1981): «Developmental perspectives on the etiology, intergenerational transmission, and sequelae of child maltreatment», en R. Rizley y D. Cicchetti (eds.), *Developmental perspectives on child maltreatment*, San Francisco, Jossey-Bass, pp. 31-55.

Conger, R. D.; Burgess, R. L. y Barrett, C. (1979): «Child abuse related to life change and perceptions of illness: some preliminary findings», *Family Coordinator*, 28, pp. 73-78.

Dolz, L.; Cerezo, M. A. y Milner, J. S. (1997): «Mother-child interactional patterns in high-and low-riesk mothers», *Child Abuse & Neglect*, 21, pp. 1149-1158.

Downs, W. R.; Miller, B. R.; Testa, M. y Panek, D. (1992): «Long-term effects of parent-to-child violence for women», *Journal of Interpersonal Violence*, 7, pp. 365-382.

Elliott, F. A. (1988): «Neurological factors», en V. B. Van Hasselt; R. L. Morrison; A. S. Bellack y M. Hersen (eds.), *Handbook of Family Violence*, Nueva York, Plenum Press, pp. 359-382.

Famularo, R.; Stone, K.; Barnum, R. y Wharton, R. (1986): «Alcoholism and severe child maltreatment», *American Journal of Orthopsychiatry*, 56, pp. 481-485.

Feshbach, N. y Feshbach, S. (1982): «Empathy training and the regulation of aggression: potencialities and limitations», *Academic Psychology Bulletin*, 4, pp. 399-413.

Friedrich, W. N. y Boriskin, J. A. (1976): «The role of the child in abuse: a review of the literature», *Journal of Orthopsychiatry*, 46, pp. 580-590.

Herrenkohl, E. C.; Herrenkohl, R. C.; Toedter, L. y Yanushefski, A. M. (1984): «Parent-child interaction ina usiveand nonabusive families», *Journal of the American Academic of Child Psychiatry*, 23, pp. 641-648.

Justice, B. y Calvert, A. (1980): «Family environment factors associated with child abuse», *Psychological Reports*, 66, p. 458.

Kelleher, K.; Chaffin, M.; Hollenberg, J. y Fisher, E. (1994): «Alcohol and drug disorders among physically abusive and neglectful parents in a community-based sample», *American Journal of Public Health*, 84, pp. 1586-1590.
Knutson, J. F. (1978): «Child abuse as an area of aggression research», *Journal of Pediatric Psychology*, 3, pp. 20-27.
Lahey, B. B.; Conger, R. D.; Atkeson, B. M. y Treiber, F. A. (1984): «Parenting behavior and emotional status of physically abusive mothers», *Journal of Consulting and Clinical Psychology*, 52, pp. 1062-1071.
Leonard, K. E. y Jacob, T. (1988): «Alcohol, alcoholism, and family violence», en V. B. Van Hasselt; R. L. Morrison; A. S. Bellack y M. Hersen (eds.), *Handbook of family violence*, Nueva York, Plenum Press, pp. 383-406.
Limber, S. P. y Nation, M. A. (1988): «Violence within the neighborhood and community», en P. K. Trickett y C. J. Schellenbach (eds.), *Violence against children in the family and the community*, Washington D.C., American Psychological Association, pp. 171-193.
McCanne, T. R. y Milner, J. S. (1991): «Psychological reactivity of physically abusive and at-risk subjects to chil-related stimuli», en J. S. Milner (ed.), *Neuropsychology of aggression*, Boston, Kluwer Academic, pp. 147-166.
Merrill, L. L.; Hervig, L. K. y Milner, J. S. (1996): «Childhood parenting experiences, intimate partner conflict resolution, and adult risk for child physical abuse», *Child Abuse & Neglect*, 20, pp. 1059-1065.
Miller, P. A. y Eisenberg, N. (1988): «The relation of empathy to aggressive and externalizing/antisocial behavior», *Psychological Bulletin*, 103, pp. 324-344.
Milner, J. S. (1986): *The Child Abuse Potential Inventory: Manual*, 2.ª ed., Webster NC, Psytec.
— (1993): «Social information processing and physical child abuse», *Clinical Psychology Review*, 13, pp. 275-294.
— (1995): «La aplicación de la teoría del procesamiento de información social al problema del maltrato físico a niños», *Infancia y Aprendizaje*, 71, pp. 125-134.
— (1998): «Individual and family characteristics associated with intrafamilial child physical and sexual abuse», en P. K. Trickett y C. J. Schellenbach (eds.), *Violence against children in the family and the community*, Washington D.C., American Psychological Association, pp. 141-170.
— (en prensa): «Social information processing and child physical abuse; theory and research», en D. J. Hersen (eds.), *Nebraska*

Symposium on Motivation, vol. 45, *Motivation and child maltreatment*, Lincoln, NE, University of Nebraska Press.
Milner, J. S. y Crouch, J. L. (1988): «Child physical abuse: theory and research», en R. L. Hampton (ed.), *Family violence: prevention and treatment*, Newbury Park, CA, Sage Publications.
Milner. J. S. y Dopke, C. (1997): «Child physical abuse: review of offender characteristics», en D. A. Wolfe, R. J. McMahon y R. de V. Peters (eds.), *Child abuse: new directions in prevention and treatment across the life span*, Thousand Oaks, CA, Sage, pp. 25-52.
Milner, J. S. y McCanne, T. R. (1991): «Neuropsychological correlates of physical child abuse», en J. S. Milner (ed.), *Neuropsychology of aggression*, Boston, Kluwer Academic, pp. 131-145.
Mollerstrom, W. W.; Patchner, M. A. y Milner, J. S. (1992): «Family functioning and child abuse potential», *Journal of Clinical Psychology*, 48, pp. 445-454.
Muller, R. T.; Caldwell, R. A. y Hunter, J. E. (1994): «Factors predincting the blame of victims of physical abuse or rape», *Canadian Journal of Behavioural Science*, 26, pp. 259-279.
Nayak, M. y Milner, J. S. (1998): «Neuropsychological functioning: comparison of mothers at high- and low-risk for child physical abuse», *Child Abuse & Neglect*, 22.
O'Keefe, M. (1995): «Predictors of child abuse in maritally violent families», *Journal of Interpersonal Violence*, 10, pp. 3-25.
Riggs, D. S.; O'Leary, K. D. y Breslin, F. C. (1990): «Multiples correlates of physical aggression in dating couples», *Journal of Interpersonal Violence*, 5, pp. 61-73.
Steele, B. F. y Pollock, (1974): «A psychiatric study of parents who abuse infants and small children», en R. E. Helfer y C. H. Kempe (eds.), *The battered child*, 2.ª ed., Chicago, University of Chicago Press, pp. 103-147.
Tolan, P. H. y Guerra, N. (1998): «Societal causes of violence against children», en P. K. Trickett y C. J. Schellenbach (eds.), *Violence against children in the family and the community*, Washington D.C., American Psychological Association, pp. 195-209.
Trickett, P. K. y Sussman, E. J. (1989): «Perceived similarities and disagreements about childrearing practices in abusive and nonabusive families: intergenerational and concurrent family processes», en D. Cicchetti y V. Carlson (eds.), *Child maltreatment: theory and research on the causes and consequences of child abuse and neglect*, Cambridge, Cambridge University Press, pp. 280-301.
Widom, C. S. y Shepard, R. L. (1996): «Accuracy of adult recall of childhood victimization: Part 1: Childhood physical abuse», *Psychological Assessment*, 8, pp. 412-421.

CAPÍTULO 3

PREVENCIÓN Y TRATAMIENTO*

por DAVID WOLFE**

---

* Versión española de José Luis Capel.
** David A. Wolfe es profesor de los departamentos de Psicología y de Psiquiatría de la Universidad de Western Ontario (Canadá). Entre sus áreas de investigación destacan el estudio del impacto de diferentes formas de maltrato en el desarrollo del adolescente, los efectos del abuso sexual en el desarrollo psicológico de los niños, la psicología comunitaria, la violencia familiar, y el abuso físico y sexual. Es responsable del Proyecto de Investigación sobre Relaciones Juveniles de su departamento, cuyo objetivo es la prevención de la violencia en las relaciones interpersonales. Es autor de numerosos libros y artículos, y ha sido galardonado con diversos premios por su contribución al conocimiento del área de la violencia familiar. E-mail: wolfe@sscl.uwo.ca.

Capítulo 3

PREVENCIÓN Y TRATAMIENTO*

por Derek Wood**

1. **Introducción**

El maltrato infantil suele darse en períodos estresantes para los padres —como el período postnatal o el de socialización del niño en las primeras etapas de su vida—, o en situaciones de inestabilidad y desorganización familiar. Cuando no se dispone de forma prolongada de apoyos y servicios sociales, también suele aparecer el maltrato. Afortunadamente, hoy conocemos muchos de los factores que pueden llevar al maltrato y al abandono infantil, pero estos conocimientos sólo se aplican a las familias cuando se llega a una situación límite. Para prevenir y tratar el maltrato y, en general, para contribuir a la buena salud infantil y familiar, habría que promover, en consecuencia, unos métodos de educación adecuados basados en dichos conocimientos. En ese marco habría que fomentar unas relaciones paternofiliales positivas que se ajustaran a las necesidades de cada familia y comunidad, y que no perdieran de vista los cambios que pudieran producirse en el curso del desarrollo del niño.

El tratamiento psicológico que se aplica a los padres que han sido denunciados por maltrato ha variado con el tiempo. Se ha ido desde un modelo que se centraba en el individuo y que consideraba el maltrato como un tipo de *patología*, a un *modelo ecológico* más global, que concede cada vez más importancia a la relación paternofilial y al contexto en que ésta se desarrolla. La orientación del tratamiento también ha cambiado de forma progresiva, al alejarse de la idea de que el maltrato era una conducta desviada y prestar cada vez más atención a los factores estresantes que, en gran número, influyen en las relaciones entre padres e hijos. En esta teoría *más contextual* del maltrato, la capacidad de los padres para educar a sus hijos y la reducción del nivel de estrés familiar son dos factores de gran importancia.

Aunque los modelos y los resultados de los tratamientos han mejorado mucho, sigue habiendo una brecha entre los descubrimientos prometedores de la investigación y el día a día de la intervención terapéutica. Por desgracia, la mayoría de los servicios dirigidos a las familias que maltratan a sus hijos no tienen por objetivo principal tratar a esas familias, sino proteger a los niños cuando el maltrato ya se ha producido. Este hecho conlleva que los servicios sociales resulten ineficaces en esta área, pues no suelen intervenir sobre los padres (cada vez más numerosos) que están en riesgo de cometer maltrato o abandono infantil, para evitar que incurran en él.

2. Diferentes aspectos del tratamiento

A la hora de intervenir y prevenir el maltrato intrafamiliar, los servicios sociales han de hacer frente a varios problemas, entre los que figuran los siguientes:

1. Normalmente aquellas familias que más ayuda necesitan son incapaces de buscarla por sí mismas.
2. Llegan a manos de los profesionales gracias a que alguien se interesa por el tema y cuando, por lo general, ya han violado alguna norma o ley.
3. Los padres no quieren admitir los problemas por miedo a perder la custodia de sus hijos o ser acusados de algún delito (posibilidad, por otra parte, real).

La consecuencia de todo ello es que muchos niños y adultos que buscan tratamiento por maltrato o abandono infantil se encuentran con problemas legales. Al igual que ocurre con otras terapias psicológicas, el tratamiento del maltrato infantil se basa en el principio de *ayuda al afectado*. Pero ¿quién quiere ayuda respecto de un problema si no lo reconoce como tal? Por este motivo, los tratamientos del maltrato y abandono no se han desarrollado, ya que para acceder al tratamiento y la prevención hay que admitir o reconocer que se tiene el problema (Azar y Wolfe, 1998).

A pesar de estas dificultades, la forma en que los niños y jóvenes que han crecido en ambientes violentos se relacionan con otras personas puede cambiar mucho, sobre todo si se comienza pronto con el tratamiento. Aquellos niños cuyo comportamiento pasa de problemático a cooperativo se han relacionado con individuos que les han influido beneficiosamente, como, por ejemplo, profesores, padres adoptivos, abuelos y otras personas que han fomentado sus buenas cualidades y que representan modelos alternativos positivos (Cicchetti y Rogosch, 1997). Aprovechando que los padres primerizos necesitan apoyo, formación y consejo, se les podría proporcionar asistencia social durante el embarazo y las primeras etapas de la vida de su hijo, y así contribuir a que las relaciones paternofiliales fuesen satisfactorias.

Hoy está claro que incrementar las experiencias positivas en las primeras etapas del desarrollo de esta relación paternofilial es algo que permite prevenir el maltrato infantil y sus consecuencias. Del mismo modo, los niños y los padres responden mejor ante la victimización cuando se les enseña a través de programas a evitar y denunciar el abuso sexual. Sin embargo, los métodos de prevención centrados únicamente en el niño no bastan para resolver el problema (Finkelhor, Asdigian y Dzuiba-Leatherman, 1995). El tratamiento convencional incrementa la probabilidad de superar los efectos perniciosos del maltrato y del abandono. En los siguientes apartados se analizan conjuntamente los tratamientos para el maltrato físico y el abandono, debido a su íntima relación con los trastornos infantiles. Asimismo, se estudian por separado los tratamientos dirigidos a los padres, a los niños y a las familias.

3. Tratamiento de los padres

Los padres que llegan hasta los organismos oficiales por cuestiones de maltrato y abandono presentan, por lo general, múltiples problemas que afectan a su capacidad para prestar atención e interés. Entre estos problemas figuran los siguientes:

1. Síntomas de alteraciones emocionales, problemas de aprendizaje y deficiencias en la personalidad que limitan la capacidad de adaptación y resolución de problemas.
2. Excitación emocional y reactividad ante la provocación del niño. Escaso control de la ira y la hostilidad.
3. Métodos inadecuados e inapropiados de enseñanza, disciplina y estimulación.
4. Alteración de la percepción y expectativas que se tienen de los niños, traducida en sesgos negativos e ideas rígidas acerca de la educación.
5. Estilo de vida y hábitos perniciosos, como consumo de alcohol y drogas, prostitución y relación con grupos marginales, que influyen negativamente en la relación paternofilial y la capacidad de solucionar problemas (Wolfe y Wekerle, 1993).

Además, las familias que maltratan a sus hijos suelen enfrentarse a una serie de situaciones estresantes que dificultan su tratamiento. Así, puede que uno de los padres sea violento, o que haya discusiones entre los cónyuges, o que el matrimonio sea inestable. Asimismo, suelen tener dificultades económicas crónicas, con los consiguientes problemas socioeconómicos que llevan al aislamiento familiar y a la incapacidad de tener el apoyo social adecuado. Hay que tener en cuenta y controlar estos puntos —de uno en uno o combinados— antes de intentar aplicar alguno de los de los tratamientos que se describen a continuación.

El tratamiento del maltrato infantil y del abandono se puede hacer de varias maneras; es decir, se puede aplicar a los padres por separado; a los niños; a los padres y a los niños a la vez, o a toda la familia. Independientemente de cómo se aplique, el tratamiento del maltrato físico normalmente conlleva cambios en la forma de educar, en las prácticas disciplinarias y en la atención que los padres prestan a sus hijos. Para ello, en la mayoría de las ocasiones se les enseñan técnicas básicas de educación infantil y se aplican métodos cognitivo-conductuales para controlar la ira o evitar la distorsión de las creencias. A su vez, el tratamiento de la negligencia incide en las habilidades y expectativas de los padres, y en actividades cotidianas, tales como la higiene familiar, la administración del dinero, las necesidades sanitarias, el asesoramiento sobre el uso del alcohol y drogas, y también sobre ciertos aspectos matrimoniales. El objetivo de este tratamiento es posibilitar que las familias acaben controlando sus propios recursos y satisfaciendo las necesidades infantiles (Azar y Wolfe, 1998). Aunque la mayoría de estos tratamientos intentan solucionar problemas de los padres, es obvio que el hecho de cambiar la forma de cuidar a los niños puede tener consecuencias importantes para el desarrollo de éstos (Wolfe y Wekerle, 1993).

3.1. Enseñar a educar a los niños

Las características psicológicas de las personas que maltratan y desatienden a los niños se adecuan bien a los métodos conductuales que inciden en las habilidades para educar y en el autocontrol. Las estrategias conductuales son específicas y están orientadas hacia problemas concretos. Las características psicológicas de las personas que maltratan a sus hijos están relacionadas con su carencia de habilidades para educar a sus hijos y su baja capacidad de autocontrolarse. De ahí que el tratamiento que se les dispense deba orientarse a resolver estas carencias. A menudo, para tratar a los clientes con un grado menor de motivación o educación, estas estrategias son preferibles a aquellas otras que se basan en el uso del razonamiento (Azar y Wolfe, 1998). A este respecto resulta bastante evidente la validez de las intervenciones basadas en la teoría del aprendizaje social. Estas intervenciones permiten, asimismo, que los padres actúen sobre los problemas que les parecen más urgentes e importantes. Es más, el hecho de que los padres perciban los tratamientos conductuales como más educativos y mejor orientados hacia la resolución de los problemas hace que las familias no vean en ellos una amenaza y, por tanto, cooperen más fácilmente (Azar y Wolfe, 1998).

Dado que los padres hacen mucho hincapié en el control y en la disciplina, o en la forma de evitar el contacto con sus hijos y en sus reponsabilidades, rara vez saben cómo disfrutar de la compañía de sus hijos. Por ello, el tratamiento suele iniciarse intentando que aumenten las interacciones positivas y las experiencias gratificantes entre los padres y los hijos. A través de la utilización de modelos es posible mostrarles a los padres cómo han de desempeñar su papel, cómo han de participar en las actividades cotidianas (a fin de incidir en las áreas que presentan deficiencias) y cómo pueden fomentar una conducta adaptativa. Es decir, se realizan actividades específicas desde el punto de vista comportamental y evolutivo, como, por ejemplo, promover un uso correcto del lenguaje y la interacción social adecuada (Wolfe, 1991); se seleccionan las actividades que captan más la atención de los niños y que les resultan gratas, y se enseña a los padres cómo mantener la calma sin dejar de ser firmes. Los terapeutas enseñan cómo expresar la frustración y el enfado sin llegar al maltrato y la amenaza y luego se anima a los padres para que debatan y ensayen cómo dominar una situación determinada. Poco a poco, los padres van aprendiendo a sustituir el castigo físico o la apatía por actitudes más positivas. Ciertamente, todo esto lleva su tiempo, por lo que es previsible que los padres se impacienten y se sientan frustrados.

En la práctica, se enseña a los padres cómo conseguir que los niños cooperen con ellos y les obedezcan, así como las medidas disciplinarias que deben usar. Los padres han de enfrentarse al doble desafío de, por una parte, controlar su ira y excitación y, por otra, dirigir o disciplinar a un niño que está fuera de sí. De ahí que la terapia empiece enseñando a los padres métodos de disciplina efectivos, y analizando con ellos el objetivo de estos métodos, sus límites, sus formas y sus problemas. No obstante, en el tratamiento no es necesario aplicar este método estrictamente, ni por el orden en que lo hemos presentado en este capítulo. Lo que se pretende es, por un lado, resaltar los objetivos y procedimientos prioritarios de que se disponen para mejorar las actitudes y los métodos de disciplina paternas y, por otro, proporcionar ejemplos de cómo se puede lograr esa mejora a partir de una base preexistente. Dependiendo de las necesidades de cada familia y de cuál sea su dedicación al programa, los terapeutas pueden decidir introducir, o no, técnicas de disciplina en estas fases iniciales del tratamiento.

3.2. Estrategias cognitivas

Es conveniente que algunos padres que maltratan sepan cómo sus ideas acerca de otras personas y situaciones pueden influir en su comportamiento. Por ejemplo, un padre puede interpretar la reticencia de su hijo de dos años a irse a la cama como un intento de devaluarlo como padre (por ejemplo: «Debe de creer que soy un perfecto imbécil»), en lugar de pensar que es un comportamiento típico de un niño de dos años. El terapeuta ha de lograr que el padre supere estas creencias e ideas erróneas, y las sustituya por otras más adecuadas (por ejemplo: «Ya estamos otra vez; pero tengo que ser paciente»). Sin embargo, puede resultar muy difícil encontrar las *estrategias cognitivas personalizadas* para que los padres maltratadores entiendan en qué casos pueden sacar algún beneficio de situaciones que, en principio, les resultan problemáticas.

Una vez identificados dichos planteamientos y creencias erróneas es posible afrontar el desafío que supone tratarlas. Se puede preguntar a los padres si este tipo de valoraciones (autoafirmaciones) les ayuda o complica su labor como padres (por ejemplo, si les ayuda a actuar como unos buenos profesores con sus hijos). Por otro lado, existen demostraciones concretas que pueden refutar la creencia de que el entendimiento y las habilidades infantiles son similares a las de los adultos. Por ejemplo, con padres de niños en edad preescolar, las tareas de conservación de Piaget *(Piagetian conservation tasks)* en una situación de grupo pueden verse como una evidencia concreta de que los niños no piensan de la misma manera que los adultos. Es posible sustituir las ideas y valoraciones erróneas por otras del tipo: «Sólo tiene dos años»; «No lo sabe hacer mejor»; «Me fallan las fuerzas, pero puedo arreglármelas. Es sólo un niño. No sabe cómo me ha ido el día», o «Ha sido un accidente. Los chavales hacen esas cosas».

3.3. Estrategias para controlar la ira

Los padres que maltratan a sus hijos se excitan con facilidad y a menudo son incapaces de afrontar el estrés. De ahí que, además de enseñarles ciertas habilidades para educar a sus hijos, sea necesario instruirles en técnicas de autocontrol. Las estrategias más comunes incluyen los siguientes factores:

1. Detectar en sus fases iniciales los rasgos fisiológicos y cognitivos asociados con la alta excitabilidad.
2. Sustituir los pensamientos que producen ira por otras ideas más correctas.
3. Desarrollar técnicas de autocontrol que permitan modular la expresión de la ira en las situaciones que la provoquen.

Un estudio reciente ilustra parte de los resultados conseguidos mediante tratamientos basados en las habilidades y las relaciones. Kolko (1996) trabajó con 55 familias que maltrataban físicamente a sus hijos. Asignó al azar unas familias a un programa de terapia cognitivo-conductual individual para el niño/a y el padre (madre) (CBT), y otras a un programa de terapia familiar (FT). Los servicios sociales dispensaron el tratamiento convencional a un grupo control. En el caso del CBT, los niños tuvieron su propio terapeuta. El terapeuta les enseñó formas de reconocer sucesos estresantes y cómo darles una respuesta adecuada y directa sin perder el control. Esta terapia daba a los niños cierta seguridad, apoyo y tranquilidad. Los padres tuvieron otro terapeuta que les enseñó alternativas al castigo personal mediante técnicas de control de los contratiempos (atención, refuerzo y descanso). Durante las sesiones, el terapeuta trató de neutralizar la tendencia que los padres tenían a acusar a los niños de frustrar sus expectativas, y les enseñó cómo controlar la ira y afrontar el estrés. La terapia FT se basaba también en la teoría del aprendizaje social, pero estaba diseñada:

— para mejorar el funcionamiento de la familia y sus relaciones;

— para aumentar la cooperación y la motivación de todos los miembros de la familia de forma que llegaran a ser conscientes de lo que era, o no, un comportamiento coercitivo;
— para enseñar formas adecuadas de comunicarse y de resolver problemas.

Tomando como referente el grupo control, tanto la terapia CBT como la FT mejoraron de forma significativa el modo en que los padres hablaban de los problemas comportamentales de sus hijos; el grado de estrés de los padres; la cantidad de conflictos familiares, y la cohesión entre los miembros de la familia. En el caso de los grupos CBT y FT, tan sólo una familia incurrió en un nuevo incidente de maltrato al cabo de un año, mientras que en el grupo control hubo tres casos.

En general, para tratar a los padres que maltratan físicamente o abandonan a sus hijos, los métodos más aceptados hoy día son los cognitivo-conductuales. Hay varias razones para que esto sea así (Hansen, Warner-Rogers, y Hecht, 1998). En primer lugar, estos métodos (comparados con las intervenciones estándar de los servicios de protección, que sólo aconsejan y supervisan) sirven para modificar las características paternas más significativas que llevan al maltrato infantil. Entre ellas figuran las habilidades para educar o para autocontrolarse (Wolfe y Sandler, 1981; Wolfe, Sandle, y Kaufman, 1981). Técnicas como, por ejemplo, la relajación y el autocontrol, la reestructuración cognitiva (es decir, ver el comportamiento del niño de una manera más apropiada), y la preparación para resolver problemas y para controlar el estrés y la ira se combinan, a menudo, con el aprendizaje de las habilidades básicas para educar a los niños. Estos métodos, por separado o en conjunto, han tenido éxito a la hora de enseñar tanto a los padres que maltratan a sus hijos (Denicola y Sandler, 1980; Wolfe y otros, 1981), como a los negligentes (Fantuzzo, Wray, Hall, Goins, y Azar, 1986), formas de afrontar y de resolver problemas.

Además de aprender nuevas formas de estimular el crecimiento y las actividades del niño, los padres negligentes requieren a menudo educación y asistencia muy básica para conducirse en el día a día, como el control del dinero y la limpieza de la casa. Algunos programas como el Proyecto 12 Vías (Project 12-Ways) (Lutzker, Bigelow, Doctor, Gershater, y Greene, 1998) proporcionan tratamientos con múltiples componentes que se dirigen hacia las diferentes necesidades de las familias negligentes y multiproblemáticas, como, por ejemplo, el asesoramiento matrimonial, la organización económica, la limpieza y cosas por el estilo (Campbell, O'Brien, Bickett, y Lutzker, 1983; Wesch y Lutzker, 1991). El Proyecto 12 Vías se distingue de otras investigaciones terapéuticas porque intenta documentar la reincidencia entre los participantes. Según los archivos oficiales del estado de Illinois, alrededor de una de cada cinco familias de las 710 participantes en el *Proyecto* fue denunciada posteriormente por maltrato; en cambio, más de una familia de cada cuatro lo fueron en el caso del grupo control (Lutzker y Rice, 1987). A pesar de estos resultados positivos, la cruda realidad es que sigue siendo muy difícil el tratamiento psicológico y social de las familias que maltratan a sus hijos.

4. Tratamientos enfocados al niño

Por la naturaleza concreta del maltrato a que han sido sometidos y por la gravedad de los problemas de sus familias, es necesario que los niños maltratados reciban tratamientos específicos. Entre los problemas que hay que tratar se incluyen:

1. Deficiencias en la sensibilidad social y en el establecimiento de relaciones. Entre esas deficiencias figuran problemas que afectan a la empatía, a la confianza en otras personas y a las expresiones de afecto.
2. Problemas del desarrollo cognitivo, del lenguaje y de la moral, que se reflejan, sobre todo, en una pobre valoración social, una deficiente capacidad comunicativa y un bajo rendimiento escolar.
3. Problemas de autocontrol y de agresión.
4. Cuestiones relativas a la salud, la seguridad y la protección.

Es importante detectar los signos que el maltrato puede producir durante el desarrollo del niño. Esos síntomas pueden seguirse del hecho de que el niño esté intentando aprender ciertos comportamientos sociales sin contar con el apoyo de sus padres o tutores. De ahí que la terapia no deba dirigirse sólo a los problemas de comportamiento, sino a los factores que los causan. En consecuencia, hay que intervenir en el refuerzo de aquellas tareas o cualidades que sean importantes desde el punto de vista del desarrollo del niño, además de actuar sobre los problemas específicos fruto del maltrato. Este tipo de terapia, en el marco de una estrategia preventiva, se basa en el principio de prestar una asistencia rápida, pero delicada (Wolfe, 1991). El tratamiento no debe tender a identificar los delitos de los padres, sino a fomentar un equilibrio óptimo entre las necesidades del niño y las habilidades de los padres.

A pesar de que los niños maltratados requieren unos tratamientos específicos, el que más se ha usado ha sido el de alejarles de sus hogares. Esto se ha hecho de dos modos: mandándolos con una familia adoptiva por un determinado período de tiempo, o cuidándolos durante unas horas al día. Hay dos razones por las que se ha defendido la idoneidad de los sistemas de acogida para tratar el abuso infantil. Primero, porque conllevan alejar al niño del riesgo de sufrir daños, proporcionándole un entorno estable y positivo desde el punto de vista terapéutico, y, segundo, porque así la familia que lo maltrata dispone de un tiempo para someterse al tratamiento y rehabilitarse antes de que el niño vuelva a casa. Aunque durante un siglo el sistema de asistencia social ha sido el instrumento más empleado para atender a las víctimas de maltrato y abandono infantil (y para abordar también las crisis familiares asociadas), se sabe muy poco acerca de su efectividad (Thompson y Wilcox, 1995). Hasta ahora, el sistema de asistencia infantil en Norteamérica no ha funcionado como debiera. Cuando el Consejo Asesor sobre Abuso y Negligencia Infantil de Estados Unidos analizó la efectividad de este sistema en 1990, llegó a la conclusión de que tenía múltiples defectos.

Lamentablemente, al considerar que en el caso del maltrato infantil el problema principal lo constituye el comportamiento de los padres, hay menos tratamientos para atender a los niños maltratados que a los adultos. Los niños maltratados sufren, frecuentemente, retrasos en determinadas áreas a las que habría que prestar más atención. Los programas diseñados por John Fantuzzo y sus colegas son un excelente ejemplo de tratamientos enfocados desde una perspectiva evolutiva. En dichos programas se combina la atención cotidiana del niño con una terapia escolar («Resilient peer Treatment, RPT») consistente en relacionar a niños marginados (algunos de los cuales han padecido malos tratos) con sus compañeros de escuela. Estos compañeros, a través de determinados juegos, ejercen una influencia positiva sobre los niños marginados (Davis y Fantuzzo, 1989; Fantuzzo, Stovall, Schachtel, Goins, y Hall, 1987; Fantuzzo y otros, 1988; 1996). La terapia se basa en el juego porque éste es el principal medio que utilizan los niños para relacionarse con sus iguales. Lo que se pretende es animar a los niños normales para que jueguen con niños problemáticos en contextos en los que los adultos desempeñan un papel menor. El resultado es que los niños marginados observan cómo juegan y se relacionan los demás niños y, sobre todo, experimentan la sensación —para ellos, extraña— de ser el centro de atención de sus compañeros de juego (Fantuzzo y otros, 1996).

Estos estudios han deparado unos resultados impresionantes: comparados con los niños del grupo control, los niños que han sufrido maltrato o abandono muestran una mejoría en su conducta social, desarrollo cognitivo y autoestima, a la vez que disminuye su agresividad. Otro aspecto positivo más es que este tipo de tratamiento se puede realizar en lugares comunitarios, como, por ejemplo, en las aulas de la escuela, lo que permite que los niños problemáticos y sus familias reciban mayor atención (Fantuzzo, Weiss y Coolahan, 1998).

En resumen, pese a las dificultades encontradas, tienen éxito aquellos tratamientos del maltrato y abandono que forman a los padres o a la familia en técnicas para mejorar su capacidad de educar y cuidar al niño, en el autocontrol (Kolko, 1996), o en su relación con los demás (Fantuzzo y otros, 1998).

5. Intervenciones de apoyo a la familia

Olds y sus colegas (Olds, Henderson, y Kitzman, 1994; Olds y otros, 1997) han sido pioneros en el desarrollo de un programa de intervención global basado en visitas a domicilio con el objetivo de reducir el índice de maltrato en aquellas familias consideradas de alto riesgo. Aproximadamente una vez cada dos semanas, unas enfermeras formadas específicamente para estas tareas visitaban a las madres durante su último trimestre de embarazo. Después seguían visitándolas cada cierto tiempo hasta que el niño alcanzaba los dos años de edad. Su tarea consistía en preparar a las madres para el trabajo, el parto y los primeros cuidados del recién nacido. Asimismo, mostraban a los padres la influencia que sobre el desarrollo físico, cognitivo y socioemocional de los niños tenía el hecho de que tanto el embarazo como los cuidados al niño en la primera etapa de su vida fueran los apropiados. Más que incidir en los sentimientos maternales y en la relación de apego, las enfermeras intentaban que las madres comprendieran que sus bebés requerirían una atención adecuada, y también trataban de mejorar el apoyo externo de la madre. Para ello, por una parte, animaban a los maridos, novios u otros miembros de la familia a participar en las visitas al hogar y, por otra, prestaban ayuda a los padres para volver a estudiar (si así lo querían), encontrar trabajo, usar medios de control de natalidad efectivos, o sacar provecho de los servicios comunitarios adecuados.

Las terapias que en el marco del programa de Olds se dispensaron a individuos que estaban en situación de riesgo incidían más sobre sus cualidades y habilidades que sobre sus deficiencias. A las mujeres que estaban en dicha situación se las fortalecía ayudándolas a comprender y satisfacer sus necesidades y las de los bebés, enseñándoles las habilidades necesarias para mejorar su relación con sus hijos en cada fase de su desarrollo.

Gracias a ese tratamiento cambiaron dos aspectos psicológicos fundamentales en las madres. El primero consistía en que variaba la idea que tenían sobre la salud y el desarrollo infantil, y el segundo en que mejoraban su eficacia y sus cualidades, con lo que aumentaba su autoestima.

Se incidía, además, sobre factores sociales de la salud, entre los que figuraban las relaciones que durante el embarazo pudiera establecer la madre con otras madres y con otros miembros de la familia. Los terapeutas actuaban sobre las cualidades positivas de la madre y de los otros miembros de la familia, propiciando que las relaciones establecidas fueran buenas.

Finalmente, en el marco del programa de Olds, se incidía sobre factores económicos. Para ello se identificaron varios factores estresantes y se analizaron luego las necesidades sanitarias y humanas que tenían las familias en cuestión. Por ejemplo, se prestó ayuda a las familias para obtener los recursos económicos necesarios, subsidios para el hogar, asesoramiento familiar, alimentos, ropa y muebles, y una asistencia médica adecuada.

Este programa de prevención prospectiva ha tenido un buen resultado y ha reforzado el valor de los métodos que influyen en los principales factores psicológicos de las relaciones paternofiliales. Comparadas con las madres del grupo control, las madres que siguieron el programa han cambiado su manera de entender el desarrollo y la salud del niño y sus expectativas sobre el propio desarrollo y su eficacia. Al haberse establecido vínculos con la madre y otros miembros destacados de la familia durante el embarazo fue posible prestar la asistencia sanitaria y humana adecuada cuando aparecieron algunos factores estresantes (por ejemplo, ayuda económica, subsidio para el hogar, asesoramiento familiar, alimentos, ayuda para encontrar ropa y muebles, y atención médica adecuada).

Este programa se ha puesto en marcha en tres lugares de Estados Unidos, y una variante se está llevando a cabo en Canadá. A juzgar por los resultados, hay motivos para concebir esperanzas. Tras quince años de atención domiciliaria pre y postnatal, que ha permitido que los padres primerizos aprendieran a hacer uso de los recursos existentes y que recibieran la formación pertinente para identificar las necesidades del niño en cada fase de su desarrollo, estos padres —que inicialmente estaban en una situación de riesgo de maltrato por su bajo estatus socioeconómico, su inmadurez (tenían menos de 19 años) o por no estar casados— mostraron cierta mejoría respecto al grupo control en varios aspectos:

1) Planificaban mejor el número de hijos y el lugar donde ubicarlos.
2) Requerían menos asistencia (una media de 60 frente a 90 meses de subsidio estatal).
3) Maltrataban menos a sus hijos (una media de 29 frente a 54 casos registrados).
4) Sus hijos padecían menos arrestos durante la adolescencia (0,16 por ciento frente a 0,90 por ciento) (Olds y otros, 1997).

6. Conclusiones

Las teorías actuales sobre el maltrato infantil hacen hincapié en la importancia de la habilidad de los padres para educar a los niños y en la reducción del nivel de estrés que deben soportar las familias. Estas teorías han identificado algunos aspectos clave que hay que tener en cuenta a la hora de diseñar la actuación de los servicios sociales de primera intervención:

a) los padres necesitan conocer mejor el desarrollo infantil y sus obligaciones como padres;
b) los padres deben saber manejar mejor situaciones estresantes relacionadas con el cuidado de los niños;
c) hay que estrechar los lazos y mejorar la comunicación entre padres e hijos;
d) los padres deben saber cómo llevar la casa;
e) hay que reducir/compartir la carga que supone el cuidado del niño, y
f) hay que facilitar el acceso a los servicios sociales y sanitarios.

Se han hecho importantes avances en la reducción del maltrato y del abandono infantil dentro de los grupos de riesgo. Algunos estudios revelan que (Wolfe y Wekerle, 1993):

1. Las terapias de grupo medianamente intensas y la atención domiciliaria para apoyar a los padres y enseñarles cómo manejar a los niños y/o cómo estimularlos psicológicamente hacen que mejoren las actitudes y el comportamiento de los padres en general.
2. Las terapias (no necesariamente largas) basadas en el desarrollo del niño mejoran algunos aspectos cognitivos y comportamentales.
3. Los programas de asistencia familiar hacen que, en general, mejoren las funciones maternales antes que los aspectos personales.
4. Los esfuerzos y costes que suponen los programas multidimensionales (por ejemplo, los que ofrecen servicios adicionales a padres que los necesitan por un período más largo) se ven compensados por sus mejores resultados frente a otro tipo de tratamientos menos intensos dirigidos a familias de alto riesgo.

En general, los programas que duran de uno a tres años y prestan una atención personalizada (por ejemplo, atención domiciliaria) son los que tienen más éxito a la hora de alcanzar los resultados deseados, y también son muy eficaces en el caso de individuos de mayor riesgo. Así pues, parece que la atención domiciliaria es el tratamiento más adecuado para ayudar, instruir y conectar con los recursos existentes a los padres que corren el riesgo de llegar a maltratar a sus hijos.

Referencias bibliográficas

Azar, S. y Wolfe, D. (1998): «Treatment of child abuse and neglect», en E. J. Mash y R. A. Barkley (eds.), *Treatment of childhood disorders (Second edition)*, Nueva York, Guilford.

Becker, J. V.; Alpert, J. L., BigFoot, D. S.; Bonner, B. L.; Geddie, L. F.; Henggeler, S. W.; Kaufman, K. L. y Walker, C. E. (1995): «Empirical research on child abuse treatment: Report by the Child Abuse and Neglect Treatment Working Group, American Psychological Association», *Journal of Clinical Child Psychology*, 24, pp. 23-46.

Campbell, R. V.; O'Brien, S.; Bickett, A. D. y Lutzker, J. R. (1983): «In-home parent training, treatment of migraine headaches, and marital counseling as an ecobehavioral approach to prevent

child abuse», *Journal of Behavior Therapy and Experimental Psychiatry*, 14, pp. 147-154.
Cicchetti, D. y Rogosch, F. A. (1997): «The role of self-organization in the promotion of resilience in maltreated children», *Development and Psychopathology*, 9, pp. 797-815.
Davis, S. y Fantuzzo, J. W. (1989): «The effects of adult and peer social initiations on social behavior of withdrawn and aggressive maltreated preschool children», *Journal of Family Violence*, 4, pp. 227-248.
Denicola, J. y Sandler, J. (1980): «Training abusive parents in child management and self-control skills», *Behavior Therapy*, 11, pp. 263-270.
Fantuzzo, J.; Boruch, R.; Beriama, A.; Atkins, M. y Marcus, S. (1997): «Domestic violence and children: Prevalence and risk in five major U. S. cities», *Journal of the American Academy of Child Psychiatry*, 36, pp. 1408-1423.
Fantuzzo, J. W.; Jurecic, L.; Stovall, A.; Hightower, A. D.; Goins, C. y Schachtel, D. (1988): «Effects of adult and peer social initiations on the social behavior of withdrawn, maltreated preschool children», *Journal of Consulting and Clinical Psychology*, 56, pp. 34-39.
Fantuzzo, J. W.; Stovall, A.; Schachtel, D.; Goins, C. y Hall, R. (1987): «The effects of peer social initiations on the social behavior of withdrawn maltreated preschool children», *Journal of Behavior Therapy and Experimental Psychiatry*, 4, pp. 357-363.
Fantuzzo, J.; Sutton-Smith, B.; Atkins, M.; Meyers, R.; Stevenson, H.; Coolahan, K.; Weiss, A. y Manz, P. (1996): «Community-based resilient peer treatment of withdrawn maltreated preschool children», *Journal of Consulting and Clinical Psychology*, 64, pp. 1377-1386.
Fantuzzo, J.; Weiss, A. D. y Coolahan, K. C. (1998): «Community-based partnership-directed research: Actualizing community strengths to treat child victims of physical abuse and neglect», en J. R. Lutzker (ed.), *Handbook of child abuse research and treatment*, Nueva York, Plenum, pp. 213-237.
Fantuzzo, J. W.; Wray, L.; Hall, R.; Goins, C. y Azar, S. T. (1986): «Parent and social skills training for mentally retarded parents identified as child maltreaters», *American Journal of Mental Deficiency*, 91, pp. 135-140.
Finkelhor, D.; Asdigian, N. y Dzuiba-Leatherman, J. (1995): «The effectiveness of victimization prevention instruction: An evaluation of children's responses to actual threats and assaults», *Child Abuse & Neglect*, 19, pp. 141-153.
Hansen, D. J.; Warner-Rogers, J. E. y Hecht, D. B. (1998): «Implementing and evaluating an individualized behavioral intervention program for maltreating families», en J. R. Lutzker (ed.),

Handbook of child abuse research and treatment, Nueva York, Plenum, pp. 133-158.
Kolko, D. J. (1996): «Individual cognitive behavioral treatment and family therapy for physically abused children and their offending parents: A comparison of clinical outcomes», *Child Maltreatment*, 1, pp. 322-342.
Lutzker, J. R.; Bigelow, K. M.; Doctor, R. M.; Gershater, R. M. y Greene, B. F. (1998): «An ecobehavioral model for the prevention and treatment of child abuse and neglect», en J. R. Lutzker (ed.), *Handbook of child abuse research and treatment*, Nueva York, Plenum, pp. 239-266.
Lutzker, J. R. y Rice, J. M. (1987): «Using recidivism data to evaluate Project 12-Ways: An ecobehavioral approach to the treatment and prevention of child abuse and neglect», *Journal of Family Violence*, 2, pp. 283-290.
Olds, D.; Eckenrode, J.; Henderson, C. R.; Kitzman, H.; Powers, J.; Cole, R.; Sidora, K.; Morris, P. y Pettit, L. M. (1997): «Long- term effects of home visitation on maternal life course and child abuse and neglect: Fifteen-year follow-up of a randomized trial», *Journal of the American Medical Association*, 278 (8), pp. 637-643.
Olds, D.; Henderson, C. R. y Kitzman, H. (1994): «Does prenatal and infancy nurse home visitation have enduring effects on qualities of parental caregiving and child health at 25 to 50 months of life?», *Pediatrics*, 93, pp. 89-98.
Thompson, R. A. y Wilcox, B. L. (1995): «Child maltreatment research: Federal support and policy issues», *American Psychologist*, 50, pp. 789-793.
U. S. Advisory Board on Child Abuse and Neglect (1990): *Child abuse and neglect: Critical first steps in response to a national emergency*, Washington D.C., U. S. Government Printing Office.
Wesch, D. y Lutzker, J. R. (1991): «A comprehensive 5-year evaluation of project 12-Ways: An ecobehavioral program for treating and preventing child abuse and neglect», *Journal of Family Violence*, 6, pp. 17-35.
Wolfe, D. A. (1991): *Preventing physical and emotional abuse of children*, Nueva York, Guilford.
Wolfe, D. A. y Sandler, J. (1981): «Training abusive parents in effective child management», *Behavior Modification*, 5, pp. 320-335.
Wolfe, D. A.; Sandler, J. y Kaufman, K. (1981): «A competency-based parent training program for child abusers», *Journal of Consulting and Clinical Psychology*, 49, pp. 633-640.
Wolfe, D. A. y Wekerle, C. (1993): «Treatment strategies for child physical abuse and neglect: A critical progress report», *Clinical Psychology Review*, 13, pp. 473-500.

SEGUNDA PARTE

ABUSO SEXUAL

Capítulo 4

CONCEPTO, FACTORES DE RIESGO Y EFECTOS PSICOPATOLÓGICOS

por Enrique Echeburúa*
y Cristina Guerricaechevarría**

---

* Enrique Echeburúa es catedrático de Personalidad, Evaluación y Tratamientos Psicológicos de la Facultad de Psicología de la Universidad del País Vasco y miembro fundador del Instituto Vasco de Criminología de la misma universidad. Es especialista en Piscopatología y Terapia de la Conducta, siendo sus principales áreas de investigación, entre otras, el trastorno por estrés postraumático y la violencia familiar. Es autor de quince libros entre otros (*Personalidades violentas* [1994], y *Manual de violencia familiar* [1998]) y de más de cien artículos. Ha recibido el premio CINTECO de Investigación y el premio de psicología Rafael Burgaleta en 1994. Es miembro del Consejo editorial de numerosas revistas nacionales e internacionales. Asimismo, es miembro del Consejo Asesor del Centro Reina Sofía para el Estudio de la Violencia. E-mail: ptpodece@ss.ehu.es

** Cristina Guerricaechevarría es psicóloga y ha colaborado con el profesor Enrique Echeburúa en varias investigaciones sobre violencia familiar, agresiones sexuales, maltrato infantil y adicciones, así como en la publicación de varios artículos y capítulos de libros.

CAPÍTULO 4

CONCEPTO, FACTORES DE RIESGO Y EFECTOS PSICOPATOLÓGICOS

POR E. ECHEBURÚA ODRIOZOLA
Y CRISTINA GUERRICAECHEVARRÍA

1. Introducción

El abuso sexual se refiere a cualquier conducta sexual mantenida entre dos personas (al menos, una de ellas, menor), entre las que existe una situación de desigualdad —ya sea por razones de edad o de poder— y en la que el menor es utilizado para la estimulación sexual de la otra persona. Más que la diferencia de edad —factor, sin duda, fundamental que distorsiona toda posibilidad de relación libremente consentida—, lo que define el abuso es la asimetría entre los implicados en la relación y la presencia de coacción —explícita o implícita— (López, 1997; Sosa y Capafóns, 1996). No deja por ello de ser significativo que el 20 por ciento del abuso sexual infantil esté provocado por otros menores.

Las conductas abusivas incluyen un contacto físico (genital, anal o bucal), o suponen una utilización del menor como objeto de estimulación sexual del agresor (exhibicionismo o *voyeurismo*), o incluso de terceras personas, como cuando se utiliza a un niño para la producción de pornografía (Madansky, 1996).

No es fácil determinar la incidencia real de este problema en la población porque ocurre habitualmente en un entorno privado —la familia— y los menores pueden sentirse impotentes para revelar el abuso (Noguerol, 1997). Según el informe de Finkelhor, Hotaling, Lewis y Smith (1990) —primera encuesta nacional de Estados Unidos, llevada a cabo en adultos, sobre la historia de abuso sexual—, un 27 por ciento de las mujeres y un 16 por ciento de los hombres reconocían, retrospectivamente, haber sido víctimas de abusos sexuales en la infancia. En España, la frecuencia de los abusos, al menos en un sentido muy amplio del término, puede afectar al 20 por ciento de la población (23 por ciento de chicas y 15 por ciento de chicos). Al margen de esta tasa de prevalencia —ya de por sí muy alta—, en el 44 por ciento de los casos el abuso no se ha limitado a un acto aislado (López, 1995, 1997).

Las víctimas suelen ser más frecuentemente mujeres (58,9 por ciento) que hombres (40,1 por ciento) y están situadas en una franja de edad entre los 6 y 12 años, aunque predomina una mayor proximidad a la pubertad. Hay un mayor número de niñas en el abuso intrafamiliar (incesto), con una edad de inicio anterior (7-8 años), y un mayor número de niños en el abuso extrafamiliar (pedofilia), con una edad de inicio posterior (11-12 años) (Vázquez Mezquita y Calle, 1997). Los agresores son, generalmente, varones de mediana edad, y con frecuencia resultan ser familiares o conocidos del niño (Madansky, 1996).

No hay una correspondencia directa entre el concepto psicológico y el jurídico de abuso sexual. En primer lugar, el concepto psicológico —y hasta coloquial— de abuso sexual se refiere al ámbito de menores. Sin embargo, en el nuevo Código Penal esta figura delictiva se limita a aquellos actos no consentidos que, sin violencia ni intimidación, atenten contra la libertad sexual de una persona, sea ésta mayor o menor. Y en segundo lugar, aunque en la nueva definición del Código Penal se han ampliado las conductas punibles al abuso de autoridad y al engaño, se dejan sin recoger otras formas de presión más sutiles a través de las cuales puede conseguirse el consentimiento de la víctima y que, sin embargo, pueden producir unas consecuencias psicológicas tan negativas como cuando hay una coacción explícita (Climent y Pastor, 1996; Echeburúa y Guerricaechevarría, 1998).

2. Características descriptivas

2.1. TIPOS DE ABUSOS

No está de más señalar que ni todos los abusos son iguales ni afectan de la misma manera a la integridad psicológica de la víctima (Vázquez Mezquita y Calle, 1997). En cuanto al agresor, en unos casos el abuso sexual infantil puede ser cometido por familiares (padres, hermanos mayores, etc.) —es el incesto propiamente dicho— o por personas relacionadas con la víctima (profesores, entrenadores, monitores, etc.). En uno y otro caso, que abarcan del 65 al 85 por ciento del total (Elliott, Browne y Kilcoyne, 1995) y que son las situaciones más duraderas, no suelen darse conductas violentas asociadas.

La situación incestuosa habitual suele ser la siguiente: un comienzo con caricias; un paso posterior a la masturbación y al contacto bucogenital, y, sólo en algunos casos, una evolución al coito vaginal, que puede ser más tardío (cuando la niña alcanza la pubertad). Al no haber huellas fácilmente identificables, los abusos sexuales en niños pueden quedar más fácilmente impunes (Echeburúa, Corral, Zubizarreta y Sarasua, 1995).

Si bien no más del 20 por ciento de los casos denunciados de incesto hacen referencia a los contactos padre-hija, éstos son los más traumáticos por lo que suponen de disolución de los vínculos familiares más básicos (Herman, Russell y Trocki, 1981). El incesto entre padrastro e hija da cuenta del 15-20 por ciento de los casos. El 65 por ciento restante implica a hermanos, tíos, hermanastros, abuelos y novios que viven en el mismo hogar (McCarthy, 1992). Sin embargo, el incesto madre-hijo es mucho menos frecuente y se limita a aquellos casos en que la madre carece de una relación de pareja, presenta una adicción al alcohol o a las drogas y cuenta con un historial de abusos sexuales en la infancia (Lawson, 1993).

En otros casos los agresores son desconocidos. Este tipo de abuso se limita a ocasiones aisladas, pero, sin embargo, puede estar ligado a conductas violentas o amenazas de ellas, al menos en un 10-15 por ciento de los casos (Lanyon,

1986). No obstante, la violencia es menos frecuente que en el caso de las relaciones no consentidas entre adultos. Al margen de ciertas características psicopatológicas en los agresores (por ejemplo, el sadismo sexual), lo que suele generar violencia es la resistencia física de la víctima y la posible identificación del agresor. Sin embargo, los niños habitualmente no ofrecen resistencia y tienen dificultades —tanto mayores cuanto más pequeños son— para identificar a los agresores.

En lo que se refiere al acto abusivo, éste puede ser sin contacto físico (exhibicionismo, masturbación delante del niño, observación del niño desnudo, relato de historias sexuales, proyección de imágenes o películas pornográficas, etcétera), o con contacto físico (tocamientos, masturbación, contactos bucogenitales o penetración anal o vaginal). El coito es mucho menos frecuente que el resto de actos abusivos (Saldaña, Jiménez y Oliva, 1995). La penetración, cuando tiene lugar en niños muy pequeños, suele resultar traumática por la desproporción anatómica entre los genitales del adulto y del menor, y producir lesiones en los genitales o en el ano de la víctima: erosiones, heridas, desgarros himenales, etc.

2.2. DETECCIÓN DEL ABUSO SEXUAL

Las conductas incestuosas tienden a mantenerse en secreto. Sólo un 2 por ciento de los casos de abuso sexual familiar se conocen al tiempo en que ocurren. Existen diferentes factores que pueden explicar los motivos de esta ocultación: por parte de la víctima, el hecho de obtener ciertas ventajas adicionales (regalos, más paga, etc.) o el temor a no ser creída o a ser acusada de seducción, junto con el miedo a destrozar la familia o a las represalias del agresor; y por parte del abusador, la pérdida de una actividad sexual que resulta ya adictiva, así como la posible ruptura del matrimonio y de la familia y el rechazo social acompañado de posibles sanciones legales.

A veces la madre tiene conocimiento de lo sucedido. Lo que la puede llevar al silencio, en algunos casos, es el pánico al marido, el miedo a perderlo o a desestructurar la familia; en otros, el estigma social negativo generado por el abuso sexual o el temor de no ser capaz de sacar adelante por sí sola la familia.

De ahí que el abuso sexual pueda salir a la luz de una forma accidental cuando la víctima decide revelar lo ocurrido —a veces a otros niños o a un profesor— o cuando se descubre una conducta sexual casualmente por un familiar, vecino o amigo. El descubrimiento del abuso suele tener lugar bastante tiempo después de los primeros incidentes (meses o años) (Vázquez Mezquita y Calle, 1997). Habitualmente, según Sorensen y Snow (1991), el proceso de revelación por parte del menor suele seguir cuatro momentos progresivos: *a*) fase de negación; *b*) fase de revelación, al principio mediante un reconocimiento vago o parcial; al final, mediante la admisión explícita de la actividad sexual abusiva; *c*) fase de retractación, en la que el niño puede desdecirse de lo dicho por la presión familiar o por la percepción del alcance de la revelación, y *d*) fase de reafirmación, en la que, tras una distancia temporal, el menor vuelve a sostener la afirmación anterior acerca del abuso experimentado.

En realidad, sólo en el 50 por ciento de los casos los niños revelan el abuso: únicamente el 15 por ciento se denuncia a las autoridades, y tan sólo el 5 por ciento se encuentran envueltos en procesos judiciales. Al contar los menores con muchas limitaciones para denunciar los abusos sexuales y no presentar habitualmente manifestaciones físicas inequívocas (debido al tipo de conductas sexuales realizadas: caricias, masturbaciones, etc.), en los últimos años ha habido un interés creciente por la detección de los diferentes signos de sospecha (Arruabarrena, De Paúl y Torres, 1996; Calvo y Calvo, 1997; Noguerol, 1997; Vázquez Mezquita, 1995; Pérez Conchillo y Borrás, 1996). Un resumen de los indicadores más estudiados se encuentra recogido en la tabla 4.1.

Son probablemente los indicadores sexuales los que más están relacionados con la experiencia traumática (Noguerol, 1997). En todo caso, los indicadores deben valorarse de forma global y conjunta, ya que no se puede establecer una relación directa entre un solo síntoma y el abuso (Soria y Her-

TABLA 4.1. *Indicadores físicos, comportamentales y de tipo sexual en los menores víctimas de abuso* (Echeburúa y Guerricaechevarría, 1998)

Indicadores físicos	Indicadores comportamentales	Indicadores en la esfera sexual
— Dolor, golpes, quemaduras o heridas en la zona genital o anal. — Cérvix o vulva hinchadas o rojas. — Semen en la boca, en los genitales o en la ropa. — Ropa interior rasgada, manchada y ensangrentada. — Enfermedades de transmisión sexual en genitales, ano, boca u ojos. — Dificultad para andar y sentarse. — Enuresis o encopresis.	— Pérdida de apetito. — Llantos frecuentes, sobre todo en referencia a situaciones afectivas o eróticas. — Miedo a estar sola, a los hombres o a un determinado miembro de la familia. — Rechazo al padre o a la madre de forma repentina. — Cambios bruscos de conducta. — Resistencia a desnudarse y bañarse. — Aislamiento y rechazo de las relaciones sociales. — Problemas escolares o rechazo a la escuela. — Fantasías o conductas regresivas (chuparse el dedo, orinarse en la cama). — Tendencia al secretismo. — Agresividad, fugas o acciones delictivas. — Autolesiones o intentos de suicidio.	— Rechazo de las caricias, de los besos y del contacto físico. — Conductas seductoras, especialmente en niñas — Conductas precoces o conocimientos sexuales inadecuados para su edad. — Interés exagerado por los comportamientos sexuales de los adultos. — Agresión sexual de un menor hacia otros menores. — Confusión sobre la orientación sexual.

nández, 1994). De hecho, lo más útil puede ser estar pendientes de los cambios bruscos que tienen lugar en la vida del niño (López, 1995).

3. Situaciones de alto riesgo

Al hablar de situaciones o factores de riesgo se hace referencia a circunstancias de diverso tipo que favorecen que el menor sea víctima de abuso sexual. No se trata, por tanto, de establecer una relación directa de causa-efecto, sino meramente una asociación probabilística. El hecho de que un niño se encuentre en una situación de alto riesgo significa simplemente que tiene una mayor probabilidad de sufrir abusos sexuales (Finkelhor y Asdigian, 1996).

Por un lado, el hecho de ser niña (mujer) es una de las circunstancias que tradicionalmente se ha considerado como de alto riesgo. Los diferentes estudios coinciden en señalar la mayor incidencia de abusos sexuales a niñas (de 2 a 3 niñas por cada niño), especialmente en los casos de abuso sexual intrafamiliar. Esta asociación puede deberse principalmente al hecho de que la mayoría de los agresores son varones predominantemente heterosexuales (Gil, 1997; Vázquez Mezquita y Calle, 1997).

Por otra parte, las edades de mayor riesgo son las comprendidas entre los seis y siete años, por un lado, y los diez y doce, por otro (Finkelhor, 1993). Parece que más del doble de los casos de abusos sexuales a menores se dan en la prepubertad. Se trata de una etapa en la que comienzan a aparecer las muestras del desarrollo sexual, pero los menores siguen siendo aún niños y pueden ser fácilmente dominados (López, 1989; Pérez Conchillo y Borrás, 1996).

Respecto a las características del propio menor, los niños con mayor riesgo de convertirse en víctima de abusos sexuales son aquellos con una capacidad reducida para resistirse o revelarlo, como los que todavía no hablan y los que muestran retrasos del desarrollo y minusvalías físicas y psíquicas (Madansky, 1996). Según Pérez y Borrás (1996), son también sujetos de alto riesgo los niños que se encuentran carentes de afecto en la familia, ya que pueden inicialmente sentirse halagados por la atención de la que son objeto, al margen de que este placer con el tiempo acabe produciendo en ellos un sentimiento de culpa.

En realidad, en lo que se refiere a determinadas situaciones familiares, los niños víctimas de malos tratos —en cualquiera de sus formas— son más fácilmente susceptibles de convertirse en objeto de abusos sexuales. El incumplimiento de las funciones parentales, así como el abandono y rechazo físico y emocional del niño por parte de sus cuidadores, propician que éstos sean manipulados más fácilmente con ofrecimientos interesados de afecto, atención

TABLA 4.2. *Características del abusador y de la familia en que se produce el abuso sexual*

Características del abusador	Características de la familia
— Extremadamente protector o celoso del niño.	— Familias monoparentales o reconstituidas.
— Víctima de abuso sexual en la infancia.	— Familias caóticas y desestructuradas.
— Dificultades en la relación de pareja.	— Madre frecuentemente enferma o ausente.
— Aislado socialmente.	— Madre emocionalmente poco accesible.
— Abuso de drogas o alcohol.	
— Frecuentemente ausente del hogar.	— Madre con un historial de abuso sexual infantil.
— Con baja autoestima o con problemas psicopatológicos.	— Problemas de hacinamiento.
	— Hijas mayores que asumen las responsabilidades de la familia.

y recompensas a cambio de sexo y secreto (Vázquez Mezquita, 1995). La ausencia de los padres biológicos, la incapacidad o enfermedad de la madre, el trabajo de ésta fuera del hogar y los problemas de la pareja (peleas, malos tratos, separaciones o divorcios), sobre todo cuando vienen acompañados de interrupción de la relación sexual, constituyen factores de riesgo que aumentan las posibilidades de victimización (López, 1995). Son asimismo familias de alto riesgo las constituidas por padres dominantes y violentos, así como las formadas por madres maltratadas (Arruabarrena y otros, 1996; Mas, 1995; Vázquez Mezquita, 1995; Cortés y Cantón, 1997) (tabla 4.2).

4. Consecuencias psicopatológicas del abuso

4.1. MODELOS EXPLICATIVOS

Los efectos del abuso sexual se han intentado explicar desde el modelo del trastorno de estrés postraumático (Wolfe, Sas y Wekerle, 1994). En realidad, el abuso sexual en la infancia cumple los requisitos de «trauma» exigidos por el DSM-IV para el diagnóstico de este cuadro clínico y genera, al menos en una mayoría de las víctimas, los síntomas característicos de dicho trastorno: pensamientos intrusivos, evitación de estímulos relacionados con la agresión, trastornos del sueño, irritabilidad y dificultades en la concentración. El trastorno incluye, además, miedo, ansiedad, depresión y sentimientos de culpa. A diferencia de los adultos, en la infancia este cuadro clínico puede adoptar la forma de un comportamiento desestructurado o agitado y presentarse con síntomas físicos (dolores de estómago, jaquecas, etc.) (Echeburúa y otros, 1995). Este cuadro clínico se manifiesta si el trauma permanece en la memoria activa del niño, en función de un inadecuado procesamiento de la información, y no se utilizan los mecanismos cognitivos adecuados para superarlo (Hartman y Burgess, 1989, 1993).

Entre las ventajas de este modelo destacan el facilitar una descripción operativa de los síntomas derivados del abuso, así como el permitir un diagnóstico que todos los profesionales pueden entender (López, Hernández y Carpintero, 1995).

Sin embargo, según Finkelhor (1988), Boney-McCoy y Finkelhor (1996) y Vázquez Mezquita y Calle (1997), este modelo presenta algunas limitaciones en el ámbito del abuso sexual infantil: sólo se puede aplicar a algunas víctimas, no permite explicar de una forma clara la relación existente entre el suceso traumático y el cuadro clínico, al no referirse este modelo explícitamente a las fases del desarrollo, y, por último, no recoge todos los síntomas, especialmente los relacionados con las dimensiones cognitivas y atencionales (por ejemplo, la tendencia a hacer atribuciones negativas u hostiles). De hecho, el miedo (al futuro o derivado de las amenazas), la depresión, la culpa (referida a la desunión familiar generada por la revelación del secreto), los problemas sexuales, así como un estado de confusión y las distorsiones en las creencias sobre sí mismos y los demás, son las secuelas que aparecen con mayor frecuencia en este tipo de víctimas.

Por ello, Finkelhor (1988) propone, a modo de alternativa, el modelo traumatogénico, que es más específico y según el cual las razones explicativas del impacto psicológico son las siguientes: sexualización traumática, pérdida de confianza, indefensión y estigmatización. Estas cuatro variables constituyen la causa principal del trauma al distorsionar el autoconcepto, la visión sobre el mundo y las capacidades afectivas de la víctima. Estos factores se relacionan, a su vez, con el desarrollo por parte del niño de un estilo de afrontamiento inadecuado y con el surgimiento de problemas de conducta (Finkelhor, 1997; López, 1993; Cortés y Cantón, 1997).

a) La sexualización traumática hace referencia a la interferencia del abuso en el desarrollo sexual normal del niño. Éste aprende a usar determinadas conductas sexuales como estrategia para obtener beneficios o manipular a los demás, adquiere aprendizajes deformados de la importancia y significado de determinadas conductas sexuales, así como concepciones erróneas sobre la sexualidad y la moral sexual.

b) La pérdida de confianza puede no sólo centrarse en la relación con el agresor, sino generalizarse a las relaciones con el resto de la familia por no haber logrado librar a la víctima de estas experiencias e incluso ampliarse a otras personas.

c) La estigmatización es sentida como culpa, vergüenza, pérdida de valor, etc. Esta serie de connotaciones negativas se incorporan a la autoimagen del niño.

d) El sentimiento de indefensión se traduce en una creencia en el niño de no saber cómo reaccionar ante las situaciones y de tener poco control sobre sí mismo y sobre cuanto le sucede. Todo ello crea en la víctima una sensación de impotencia y un temor de lo que le pueda suceder en el futuro, provocando actitudes pasivas, poco asertivas y de retraimiento.

4.2. Consecuencias a corto plazo del abuso sexual en curso

La mayoría de los niños que han sufrido abuso sexual se muestran afectados por la experiencia y su malestar suele continuar en la edad adulta si no reciben un tratamiento psicológico adecuado (Jumper, 1995). El límite temporal entre lo que se denomina efectos a corto plazo o iniciales se suele situar en los dos años siguientes al abuso. A partir de ese momento se habla de efectos a largo plazo.

Solamente un 20-30 por ciento de las víctimas permanecen estables emocionalmente después de la agresión (Finkelhor, 1986; López, 1992). Entre el 17 y el 40 por ciento sufren cuadros clínicos establecidos, y el resto experimenta síntomas de uno u otro tipo.

Los diferentes estudios realizados con víctimas de abusos sexuales (López, 1992; Kendall-Tackett, Williams y Finkelhor, 1993) coinciden, en su gran mayoría, a la hora de señalar los principales efectos inmediatos. Un resumen de estos síntomas aparece recogido en la tabla 4.3. En ella se señalan las secuelas más comunes, así como el período evolutivo (infancia o adolescencia) en que aparecen.

El alcance de las consecuencias va a depender del grado de culpabilización y de la victimización del niño por parte de los padres, así como de las estrategias de afrontamiento de que disponga la víctima. En general, las niñas tienden a presentar reacciones ansioso-depresivas, y los niños, fracaso escolar y dificultades inespecíficas de socialización, así como comportamientos sexuales agresivos.

Respecto a la edad, los niños muy pequeños (en la etapa de preescolar), debido a que cuentan con un repertorio limitado de recursos psicológicos, pueden mostrar estrategias de negación y disociación. En los niños un poco mayores (en la etapa escolar) son más frecuentes los sentimientos de culpa y de vergüenza ante el suceso. El abuso sexual presenta una especial gravedad en la adolescencia porque el padre puede intentar el coito, existe un riesgo real de embarazo y la adolescente toma conciencia del alcance de la relación incestuosa. No son por ello infrecuentes conductas como huir de casa, el consumo abusivo de alcohol y drogas e incluso el intento de suicidio.

4.3. Consecuencias a largo plazo del abuso sexual

Los efectos a largo plazo son, comparativamente, menos frecuentes y claros que las secuelas iniciales (López y otros, 1995). Sin embargo, la victimización infantil constituye un

TABLA 4.3. *Principales consecuencias a corto plazo del abuso sexual en niños y adolescentes* (Echeburúa y Guerricaechevarría, 1998)

Tipos de efectos	Síntomas	Período evolutivo
Físicos	— Problemas de sueño (pesadillas)	— Infancia y adolescencia
	— Cambios en los hábitos de comida	— Infancia y adolescencia
	— Pérdida del control de esfínteres	— Infancia
Conductuales	— Consumo de drogas o alcohol	— Adolescencia
	— Huidas del hogar	— Adolescencia
	— Conductas autolesivas o suicidas	— Adolescencia
	— Hiperactividad	— Infancia
	— Bajo rendimiento académico	— Infancia y adolescencia
Emocionales	— Miedo generalizado	— Infancia
	— Hostilidad y agresividad	— Infancia y adolescencia
	— Culpa y vergüenza	— Infancia y adolescencia
	— Depresión	— Infancia y adolescencia
	— Ansiedad	— Infancia y adolescencia
	— Baja autoestima y sentimientos de estigmatización	— Infancia y adolescencia
	— Rechazo del propio cuerpo	— Infancia y adolescencia
	— Desconfianza y rencor hacia los adultos	— Infancia y adolescencia
	— Trastorno de estrés postraumático	— Infancia y adolescencia
Sexuales	— Conocimiento sexual precoz o inapropiado para su edad	— Infancia y adolescencia
	— Masturbación compulsiva	— Infancia y adolescencia
	— Excesiva curiosidad sexual	— Infancia y adolescencia
	— Conductas exhibicionistas	— Infancia
	— Problemas de identidad sexual	— Adolescencia
Sociales	— Déficit en habilidades sociales	— Infancia
		— Infancia y adolescencia
	— Retraimiento social	— Adolescencia
	— Conductas antisociales	

factor de riesgo importante de desarrollo psicopatológico en la edad adulta (Barsky, Wool, Barnett y Cleary, 1994). Según el estudio de Herman y otros (1986) con 205 mujeres con historia de incesto, el 50 por ciento de las víctimas consideraba que el abuso había tenido un efecto negativo en su desarrollo y, de hecho, el 77,6 por ciento mostraba algún síntoma clínico. Los síntomas disociativos —y, en concreto, la amnesia psicógena— son relativamente frecuentes, tanto más cuanto más pequeño es el niño en el inicio del abuso (Vázquez Mezquita y Calle, 1997).

Según el estudio de Echeburúa, Corral, Zubizarreta y Sarasua (1997), llevado a cabo en el Centro de Asistencia Psicológica a Víctimas de Agresiones Sexuales de Vizcaya, las víctimas adultas de abuso sexual en la infancia presentan un perfil psicopatológico similar al de las víctimas recientes de violación en la vida adulta, sin que haya diferencias en el trastorno de estrés postraumático ni en el resto de las variables psicopatológicas (ansiedad, miedos, depresión e inadaptación) (tabla 4.4). De hecho, el tratamiento utilizado en este estudio para uno y otro tipo de víctimas es el mismo.

TABLA 4.4. *Medias (y desviaciones típicas) del trastorno de estrés postraumático y de las demás variables psicopatológicas en víctimas adultas de abuso sexual en la infancia y en víctimas recientes de agresiones sexuales en la vida adulta* (Echeburúa y otros, 1997)

	Grupo A* (N = 9)		Grupo B** (N = 11)		
	X	(DT)	X	(DT)	T
Escala de gravedad de síntomas del trastorno de estrés postraumático (Rango: 0-51)	33,00	(4,63)	32,18	(5,43)	0,35 (NS)
Depresión *(BDI)* (Rango: 0-63)	23,38	(7,59)	20,45	(9,11)	0,90 (NS)
Ansiedad *(STAI-E)* (Rango: 0-60)	44,55	(10,12)	46,75	(5,84)	0,60 (NS)
Miedos *(MSF-III)* (Rango: 45-225)	125,88	(23,97)	123,54	(29,63)	0,19 (NS)
Inadaptación global *(Escala de adaptación)* (Rango: 1-6)	5,33	(0,86)	4,72	(1,01)	1,42 (NS)

* Víctimas de abuso sexual en la infancia.
** Víctimas de violación en la edad adulta.

En la tabla 4.5 se presenta un resumen de los principales efectos negativos en la vida adulta de las personas que padecieron abusos sexuales en la infancia o en la adolescencia, si bien no todas presentan todos los síntomas citados.

En la actualidad, la información disponible no permite señalar la existencia de un único síndrome específico ligado a la experiencia de abusos sexuales en la infancia y ado-

TABLA 4.5. *Principales secuelas psicológicas en víctimas adultas de abuso sexual en la infancia* (Echeburúa y Guerricaechevarría, 1998)

Tipos de secuelas	Síntomas
Físicas	— Dolores crónicos generales — Hipocondria y trastornos de somatización — Alteraciones del sueño (pesadillas) — Problemas gastrointestinales — Desórdenes alimenticios, especialmente bulimia
Conductuales	— Intentos de suicidio — Consumo de drogas y/o alcohol — Trastorno disociativo de identidad (personalidad múltiple)
Emocionales	— Depresión — Ansiedad — Baja autoestima — Estrés postraumático — Trastornos de personalidad — Desconfianza y miedo de los hombres — Dificultad para expresar o recibir sentimientos de ternura y de intimidad
Sexuales	— Fobias o aversiones sexuales — Falta de satisfacción sexual — Alteraciones en la motivación sexual — Trastornos de la activación sexual y del orgasmo — Creencia de ser valorada por los demás únicamente por el sexo
Sociales	— Problemas en las relaciones interpersonales — Aislamiento — Dificultades en la educación de los hijos

lescencia. Los únicos fenómenos observados con mayor regularidad son las alteraciones en la esfera sexual —problemas sexuales y menor capacidad de disfrute, especialmente—, la depresión y el conjunto de síntomas característicos del trastorno de estrés postraumático, así como un control inadecuado de la ira (en el caso de los varones, volcada al exterior en forma de violencia; en el de las mujeres, canalizada en forma de conductas autodestructivas). Sin embargo, ni siquiera estos aspectos, que aparecen con relativa frecuencia, constituyen un fenómeno universal (Noguerol, 1997).

La mayor vulnerabilidad de un adulto víctima de abuso sexual en la infancia al trastorno de estrés postraumático va a depender del número de traumas previos, de la existencia de malos tratos en la infancia y de la presencia de trastornos de personalidad (obsesivo-compulsiva y evitativa, especialmente) (Vicente, Diéguez, De la Hera, Ochoa y Grau, 1995). Desde el punto de vista del trauma en sí mismo, lo que predice una peor evolución a largo plazo es la duración prolongada de la exposición a los estímulos traumáticos, la intensidad alta de los síntomas experimentados y la presencia de disociación peritraumática, es decir de síntomas disociativos (amnesia psicógena, especialmente) en las horas y días posteriores al suceso (Griffin, Resick y Mechanic, 1997).

De hecho, el impacto psicológico a largo plazo del abuso sexual puede ser pequeño (a menos que se trate de un abuso sexual grave con penetración) si la víctima no se enfrenta a otras situaciones adversas, como el abandono emocional, el maltrato físico, el divorcio de los padres, una patología familiar grave, etc. Es más, los problemas de una víctima en la vida adulta (depresión, ansiedad, abuso de alcohol, etc.) surgen en un contexto de vulnerabilidad generado por el abuso sexual en la infancia, pero provocados directamente por circunstancias próximas en el tiempo (conflictos de pareja, aislamiento social, problemas en el trabajo, etc.). De no haber estas circunstancias adversas, aun habiendo sufrido en la infancia abuso sexual, no habría problemas psicopatológicos actualmente (Finkelhor, 1997).

5. Factores mediadores de los efectos del abuso sexual infantil

A modo de resumen de lo señalado en el apartado anterior se puede concluir que un 70 por ciento de las víctimas de agresiones sexuales en la infancia presenta un cuadro clínico a corto plazo y que este porcentaje disminuye hasta un 30 por ciento si se toman en consideración las repercusiones a largo plazo (Gilham, 1991; Mullen, Martin, Anderson, Romans y Herbison, 1994) (fig. 4.1).

Al no ser despreciable el número de personas que no quedan afectadas por este tipo de abusos, especialmente a largo plazo, conviene determinar qué factores resultan amortiguadores del impacto del abuso sexual en el desarrollo emocional posterior. No todas las personas reaccionan de la misma manera frente a la experiencia de victimización, ni todas las experiencias comparten las mismas características (Slusser, 1995). Del mismo modo, también existen diferencias en las consecuencias propias de la revelación del abuso. Por tanto, al hablar de los factores que modulan el impacto de la agresión sexual se deben distinguir al menos cuatro grupos de variables: el perfil individual de la víctima, en cuanto a edad, sexo y contexto familiar; las características del acto

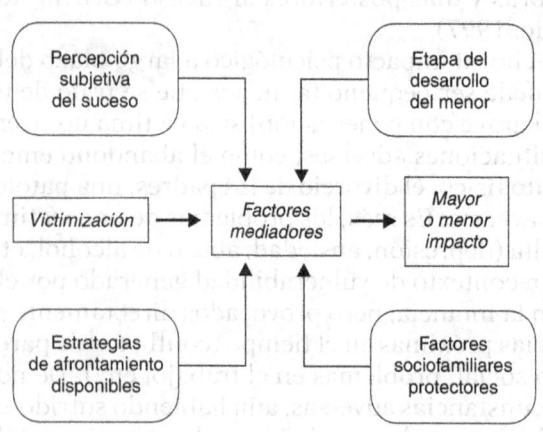

FIG. 4.1. *Factores mediadores del impacto psicológico de la victimización.*

abusivo (frecuencia, severidad, existencia o no de violencia o amenazas, cronicidad, etc.), la relación existente con el abusador, y, por último, las consecuencias asociadas al descubrimiento del abuso.

En lo que se refiere al perfil individual de la víctima, quedan aún muchas incógnitas por resolver. Por ejemplo, en cuanto a la edad hay divergencias notables: en algunos estudios, cuanto más joven es el niño, más vulnerable resulta frente a la experiencia de abusos y mayor es la probabilidad de desarrollar síntomas disociativos (Bagley y Ramsay, 1986; Rowan, Foy, Rodríguez y Ryan, 1994); en otros, por el contrario, es precisamente la ingenuidad y la falta de entendimiento fruto de su corta edad lo que protege al niño pequeño y favorece que el impacto sea menor (Bendixen, Muus y Schei, 1994; Murphy, Kilpatrick, Amick-McMullan, Veronen, Paduhovich, Best, Villeponteauz y Saunders, 1988). Una mayor edad aumenta la probabilidad de que se lleve a cabo la penetración y de que se emplee la violencia física, ya que existe una mayor capacidad para resistirse frente a ella. Por ello, no es fácil resolver esta cuestión sin poner en relación la edad del niño con otras variables relevantes, como la identidad del agresor o la cronicidad o intensidad del abuso.

Por otra parte, respecto al sexo de la víctima, los estudios realizados hasta el momento no han permitido tampoco llegar a una conclusión definitiva acerca de si los niños y las niñas se diferencian en la gravedad o en el tipo de sintomatología experimentada. Lo que sí ha mostrado tener importancia en el impacto psicológico de la víctima ha sido el funcionamiento de la familia: un ambiente familiar disfuncional, caracterizado por la conflictividad y la falta de cohesión, puede aumentar la vulnerabilidad del niño a la continuidad del abuso y a las secuelas psicológicas derivadas del mismo (Cortés y Cantón, 1997).

En lo que respecta a las características del acto abusivo, los resultados de las investigaciones son concluyentes: la gravedad de las secuelas está en función de la frecuencia y duración de la experiencia, así como del empleo de fuerza y de amenazas o de la existencia de una violación propiamente dicha (penetración vaginal, anal o bucal). De este modo, cuanto más crónico e intenso es el abuso, mayor es el desarrollo de un sentimiento de indefensión y de vulnerabilidad y más probable resulta la aparición de síntomas. Respecto a la relación de la víctima con el agresor, lo que importa no es tanto el grado de parentesco que pueda existir entre ambos, sino el nivel de intimidad emocional existente. De esta forma, cuanto mayor sea el grado de intimidad, mayor será el impacto psicológico, que se puede agravar si la víctima no recibe apoyo de la familia o se ve obligada a abandonar el hogar. Por otro lado, en lo que se refiere a la edad del agresor, los abusos sexuales cometidos por adolescentes resultan, en general, menos traumatizantes para las víctimas que los efectuados por adultos (Cortés y Cantón, 1997). Por último, no se puede soslayar la importancia de las consecuencias derivadas de la revelación del abuso en el tipo e intensidad de los síntomas experimentados. El apoyo parental —dar crédito al testimonio del menor y protegerlo—, especialmente por parte de la madre, es un elemento clave para que las víctimas mantengan o recuperen su nivel de adaptación general después de la revelación (Dubowitz, Black, Harrington y Verschoore, 1993; Spaccarelli y Kim, 1995). Pero no siempre ocurre así. En general, los niños más pequeños son creídos más fácilmente y cuentan, por ello, con mayor grado de apoyo. Probablemente la sensación de ser creídos es uno de los mejores mecanismos para predecir la evolución a la normalidad de los niños víctimas de abuso sexual.

Por el contrario, una revelación temprana y una inadecuada respuesta del entorno del menor, en función del impacto provocado por el descubrimiento del abuso, ensombrecen el proceso de recuperación. La evolución psicológica negativa de la víctima, que afecta especialmente a la autoestima, va a depender de diversas variables: las dudas suscitadas por el testimonio; la significación afectiva de la persona que no le cree, y la falta de apoyo emocional y social. En ocasiones, la respuesta de los padres ante la revelación puede ser más intensa que la del propio niño, sobre todo en los casos en que la madre se percata del abuso sexual a su hijo protagonizado por su propia pareja. Los sentimientos de vergüenza y culpa, de cólera y pena, y de miedo y ansiedad pueden afectar a los padres de tal manera que se muestran incapaces de proteger al niño adecuadamente y, en los casos más graves, pueden llegar incluso a culparlo de lo sucedido.

No deja de ser significativa la influencia de situaciones de estrés adicionales, como consecuencia de la revelación del abuso, sobre la estabilidad emocional de la víctima. En concreto, la posible ruptura (legal o de hecho) de la pareja, la salida de la víctima del hogar (única vía a veces para garantizar su seguridad, pero que supone un coste emocional y de adaptación importante) y la implicación en un proceso judicial (con las posibles consecuencias penales para el abusador) son algunas de estas situaciones. Respecto al último punto señalado, los juicios largos, las testificaciones reiteradas y los testimonios puestos en entredicho suponen una victimización secundaria y ofrecen un peor pronóstico.

Por el contrario, una buena adaptación escolar (en el ámbito académico, social o deportivo) y unas relaciones adecuadas con el padre en la infancia o con los chicos en la adolescencia, así como el apoyo de unas amigas íntimas y de una pareja apropiada (incluso de un trabajo gratificante), tienen un efecto positivo sobre la autoestima y contribuyen a amortiguar el impacto de la victimización al constituirse en factores de protección.

6. Conclusiones

El abuso sexual infantil puede llegar a afectar a un 15-20 por ciento de la población, lo que supone un problema social importante y que afecta a uno y otro sexo. Los menores no son, sin embargo, sólo víctimas de las agresiones sexuales, sino que también pueden ser agresores. De hecho, el 20 por ciento de este tipo de delitos está causado por otros menores (López, 1997).

Las consecuencias de la victimización a corto plazo son, en general, devastadoras para el funcionamiento psicológico de la víctima, sobre todo cuando el agresor es un miembro de la misma familia. Las consecuencias a largo plazo son más inciertas, si bien hay una cierta correlación entre el abuso sexual sufrido en la infancia y la aparición de alteraciones emocionales o de comportamientos sexuales inadaptativos en la vida adulta. No deja de ser significativo que un 25 por ciento de los niños sometidos a abusos sexuales se conviertan ellos mismos en abusadores cuando llegan a ser adultos. El papel de los factores amortiguadores —familia, relaciones sociales, autoestima, etc.— en la reducción del impacto psicológico parece sumamente importante, pero está aún por esclarecer.

No obstante, las secuelas del abuso sexual son similares a las de otro tipo de victimizaciones. De este modo, más que respuestas específicas a traumas específicos, los diferentes tipos de victimización (castigo físico, abuso sexual, abandono emocional, etc.) pueden dar lugar a síntomas y pautas de conductas similares en niños de la misma edad (Finkelhor, 1997). El único síntoma que diferencia a los niños de quien se ha abusado sexualmente es una conducta sexual inapropiada.

Desde la perspectiva de la evaluación, el diagnóstico precoz, por un lado, tiene una enorme importancia para impedir la continuación del abuso sexual, con las consecuencias que ello implica para el desarrollo del niño, lo cual no siempre es fácil porque los hallazgos físicos en el niño abusado pueden presentar una extraordinaria variabilidad (Calvo y Calvo, 1997). Por otro, el análisis de la validez del testimonio desempeña un papel fundamental. Las implicaciones legales y familiares de este problema, así como la corta edad de muchas de las víctimas implicadas, requieren una evaluación cuidadosa, en donde se analicen con detalle —y mediante procedimientos múltiples— la capacidad de fabulación y los fenómenos de simulación y de disimulación. Se echa en falta una mayor finura en los procedimientos de diagnóstico actualmente disponibles (Echeburúa, Guerricaechevarría y Vega-Osés, 1998).

Por último, un reto para el futuro lo constituye el hecho de ahondar en el conocimiento de los aspectos abordados en este trabajo (es decir, las consecuencias psicopatológicas del abuso sexual y el papel mediador de los factores de vulnerabilidad y de protección). Sólo de este modo se puede abordar una toma de decisiones adecuada entre las distintas alternativas posibles y no necesariamente excluyentes: el tratamiento de la víctima, la salida del agresor del hogar, la separación del menor de los padres, el apoyo social a la familia, la terapia del agresor, etc. De hecho, no todas las víctimas requieren ser tratadas directamente. La terapia puede implicar, al menos en algunos casos, una segunda victimización. Y en el caso de que sea necesaria, quedan aún por clarificar el momento adecuado de la misma y el establecimiento de un protocolo de tratamiento adaptado a la edad y a las necesidades específicas de cada víctima. Afortunadamente, ya se han a comenzado a dar los primeros pasos en esta dirección (Echeburúa y Guerricaechevarría, 1998).

Referencias bibliográficas

Arruabarrena, I.; De Paúl, J. y Torres, B. (1996): *El maltrato infantil: detección, notificación, investigación y evaluación*, Madrid, Ministerio de Asuntos Sociales (2.ª ed.).

Bagley, C. y Ramsay, R. (1986): «Sexual abuse in childhood: psychosocial outcomes and implications for social work practice», *Journal of Social Work and Human Sexuality*, 4, pp. 33-47.

Barsky, A. J.; Wool, C.; Barnett, M. C. y Cleary, P. D. (1994): «Histories of childhood trauma in adult hypocondriac patients», *American Journal of Psychiatry*, 150, pp. 1315-1324.

Bendixen, M.; Muus, K. M. y Schei, B. (1994): «The impact of child sexual abuse. A study of a random sample of Norwegian students», *Child Abuse and Neglect*, 18, pp. 837-847.

Boney-McCoy, S. y Finkelhor, D. (1996): «Is youth victimization related to PTSD and depression after controlling for prior symptoms and family relationships? A longitudinal, prospective study», *Journal of Consulting and Clinical Psychology*, 64, pp. 1406-1416.

Calvo, J. y Calvo, J. R. (1997): «Aspectos físicos del abuso sexual», en J. Casado; J. A. Díaz y C. Martínez (eds.), *Niños maltratados*, Madrid, Díaz de Santos.

Climent, C. y Pastor, F. (1996): *El nuevo y el viejo código penal comparados por artículos*, Valencia, Editorial General de Derecho.

Cortés, M. R. y Cantón, J. D. (1997): «Consecuencias del abuso sexual infantil», en J. D. Cantón y M. R. Cortés, *Malos tratos y abuso sexual infantil*, Madrid, Siglo XXI.

Dubowitz, H.; Black, M.; Harrington, D. y Verschoore, A. (1993): «A follow-up study of behavior problems associated with child sexual abuse», *Child Abuse and Neglect*, 17, pp. 743-754.

Echeburúa, E.; Corral, P.; Zubizarreta, I. y Sarasua, B. (1995): *Trastorno de estrés postraumático crónico en víctimas de agresiones sexuales*, La Coruña, Fundación Paideia.
Echeburúa, E.; Corral, P.; Zubizarreta, I. y Sarasua, B. (1997): «Psychological treatment of chronic posttraumatic stress disorder in victims of sexual aggression», *Behavior Modification*, 21, pp. 433-456.
Echeburúa, E. y Guerricaechevarría, C. (1998): «Abuso sexual», en M. A. Vallejo (dir.), *Manual de terapia de conducta*, Madrid, Dykinson, vol. 2.º.
Echeburúa, E.; Guerricaechevarría, C. y Vega-Osés, A. (1998, en prensa): «Evaluación de la validez del testimonio de víctimas de abuso sexual en la infancia», *Revista Española de Psiquiatría Forense, Psicología Forense y Criminología*.
Elliott, M.; Browne, K. y Kilcoyne, J. (1995): «Child sexual abuse prevention: What offenders tell us», *Child Abuse and Neglect*, 19, pp. 579-594.
Finkelhor, D. (1986): *A sourcebook on child sexual abuse*, Beverly Hills, Sage.
— (1988): «The trauma of child sexual abuse: Two models», en G. E. Wyatt y G. J. Powell (eds.), *Lasting effects of child sexual abuse*, Newbury Park, CA, Sage.
— (1993): «Epidemiological factors in the clinical identification of child sexual abuse. Special issue: Clinical recognition of sexually abused children», *Child Abuse and Neglect*, 17, pp. 67-70.
— (1997): «The victimization of children and youth: Developmental victimology», en R. C. Davis; A. J. Lurigio y W. G. Skogan (eds.), *Victims of crime*, Thousand Oaks, CA, Sage.
Finkelhor, D. y Asdigian, N. L. (1996): «Risk factors for youth victimization: Beyond a lifestyles theoretical approach», *Violence and Victims*, 11, pp. 3-20.
Finkelhor, D.; Hotaling, G.; Lewis, I. A. y Smith, C. (1990): «Sexual abuse in a national survey of adult men and women: prevalence, characteristics and risk factors», *Child abuse and Neglect*, 14, pp. 19-28.
Gil, A. (1997): «Los delincuentes sexuales en las prisiones», en M. Lameiras y A. López (eds.), *Sexualidad y salud*, Santiago de Compostela, Tórculo.
Gilham, B. (1991): *The facts about child sexual abuse*, Londres, Cassel Educational.
Hartman, C. R. y Burgess, A. W. (1989): «Sexual abuse of children: causes and consequences», en D. Cicchetti y V. Carlson (eds.), *Child maltreatment: theory and research on the causes and consequences of child abuse and neglect*, Cambridge, Cambridge University Press.

Hartman, C. R. y Burgess, A. W. (1993): «Information processing of trauma», *Child Abuse and Neglect*, 17, pp. 47-58.
Herman, J.; Russell, D. y Trocki, K. (1986): «Long-term effects of incestuous abuse in childhood», *American Journal of Psychiatry*, 143, pp. 1293-1296.
Jumper, S. A. (1995): «A meta-analysis of the relationship of child sexual abuse to adult psychological adjustment», *Child Abuse and Neglect*, 19, p. 715-728.
Kendall-Tackett, K. A.; Williams, I. M. y Finkelhor, D. (1993): «Impact of sexual abuse on children: a review and synthesis of recent empirical studies», *Psychological Bulletin*, 113, pp. 164-180.
Lanyon, R. I. (1986): «Theory and treatment in child molestation», *Journal of Consulting and Clinical Psychology*, 54, pp. 176-182.
Lawson, C. (1993): «Mother-son sexual abuse: rare or underreported? A critique of the research», *Child Abuse and Neglect*, 17, pp. 261-269.
López, F. (1989): «Los abusos sexuales a menores», *Cuadernos de Medicina Psicosomática*, 10, pp. 7-15.
— (1992): *Abuso sexual de menores*, Madrid, Dirección General de Protección Jurídica del Menor.
— (1993): «La intervención educativa y terapéutica en los casos de abusos sexuales de menores», en J. F. Navarro, A. y F. J. Bustamante (eds.), *Ensayos y conferencias sobre prevención e intervención en salud mental*, Salamanca, Junta de Castilla y León.
— (1995): *Prevención de los abusos sexuales de menores y educación sexual*, Salamanca, Amarú.
— (1997): «Abuso sexual: un problema desconocido», en J. Casado; J. A. Díaz y C. Martínez (eds.), *Niños maltratados*, Madrid, Díaz de Santos.
López, F.; Hernández, A. y Carpintero, E. (1995): «Los abusos sexuales de menores: Concepto, prevalencia y efectos», *Infancia y Aprendizaje*, 71, pp. 77-98.
MacCarthy, B. W. (1992): «Acercamiento cognitivo-conductual al tratamiento de familias incestuosas», en S. M. Stith; M. B. Williams y K. Rosen (eds.), *Psicosociología de la violencia en el hogar*, Bilbao, Descleé de Brower.
Madansky, D. (1996): «Abusos sexuales», en S. Parker y B. Zuckerman (eds.), *Pediatría del comportamiento y del desarrollo*, Barcelona, Masson.
Mas, B. (1995): «Trastorno de estrés postraumático: el abuso sexual infantil y su tratamiento», en J. M. Buceta y A. M. Bueno (eds.), *Psicología y salud: control del estrés y trastornos asociados*, Madrid, Dykinson.
Mullen, P. E.; Martin, J.; Anderson, J. C.; Romans, S. E. y Herbison,

G. P. (1994): «The effect of child abuse on social, interpersonal and sexual function in adult life», *British Journal of Psychiatry*, 165, pp. 35-47.

Murphy, S. M.; Kilpatrick, D. G.; Amick-Mcmullan, A.; Veronen, L. J.; Paduhovich, J.; Best, C. L.; Villeponteauz, L. A. y Saunders, B. E. (1988): «Current psychological functioning of child sexual assault survivors», *Journal of Interpersonal Violence*, 3, pp. 55-79.

Noguerol, V. (1997): «Aspectos psicológicos del abuso sexual infantil», en J. Casado; J. A. Díaz y C. Martínez (eds.), *Niños maltratados*, Madrid, Díaz de Santos.

Pérez Conchillo, M. y Borrás, J. J. (1996): *Sexo a la fuerza*, Madrid, Aguilar.

Rowan, A. B.; Foy, D. W.; Rodríguez, N. y Ryan, S. (1994): «Posttraumatic stress disorder in a clinical sample of adults sexually abused as children», *Child Abuse and Neglect*, 18, pp. 51-61.

Saldaña, D.; Jiménez, J. y Oliva, A. (1995): «El maltrato infantil en España: un estudio a través de los expedientes de menores», *Infancia y Aprendizaje*, 71, pp. 59-68.

Slusser, M. M. (1995): «Manifestations of sexual abuse in preschool-aged children», *Issues in Mental Health Nursing*, 16, pp. 481-491.

Sorensen, T. y Snow, B. (1991): «How children tell: The process of disclosure in child sexul abuse», *Child Welfare*, 70, pp. 3-15.

Soria, M. A. y Hernández, J. A. (1994): *El agresor y su víctima*, Barcelona, Editorial Boixareu Universitaria.

Sosa, C. D. y Capafons, J. L. (1996): «Abuso sexual en niños y adolescentes», en J. Buendía (ed.), *Psicopatología en niños y adolescentes*, Madrid, Pirámide.

Spaccarelli, S. y Kim, S. (1995): «Resilience criteria and factors associated with resilience in sexually abused girls», *Child Abuse and Neglect*, 19, pp. 1171-1182.

Vázquez Mezquita, B. (1995): *Agresión sexual. Evaluación y tratamiento en menores*, Madrid, Siglo XXI.

Vázquez Mezquita, B. y Calle, M. (1997): «Secuelas postraumáticas en niños. Análisis prospectivo de una muestra de casos de abuso sexual denunciados», *Revista de Psiquiatría Forense, Psicología Forense y Criminología*, 1, pp. 14-29.

Vicente, N.; Diéguez, A.; De la Hera, I.; Ochoa, E. y Grau, E. (1995): «Trastorno por estrés traumático: consideraciones a propósito de tres casos», *Psiquiatría Pública*, 7, pp. 203-208.

Wolfe, D.; Sas, L. y Wekerle, C. (1994): «Factors associated with the development of posttraumatic stress disorder among child victims of sexual abuse», *Child and Abuse Neglect*, 18, pp. 37-50.

Capítulo 5

EFECTOS NEUROLÓGICOS

por James S. Grisolía*

---

* James S. Grisolía es neurólogo jefe de la Sección de Neurología del Scrips-Mercy Hospital de San Diego, California (EE. UU.). Es asimismo profesor clínico asociado de Neurociencias en la Facultad de Medicina de la Universidad de California en San Diego. Ha sido editor de los libros *Violence: from Biology to Society* (1997) y de *Violencia, televisión y cine* (1998), y autor de numerosos artículos sobre el Proyecto Genoma Humano y sus implicaciones médicas y sociales. Es asesor de la US Agency for Health Care Policy and Research, del Comité Profesional de la Epilepsys of America y del grupo de acción legislativa de la American Academy of Neurology, entre otras organizaciones. E-mail: jsgris@pol.net

CAPÍTULO 8

EFECTOS NEUROLÓGICOS

por James S. Goodwin

1. **Introducción**

> [...] *el ojo de hielo negro, la boca fiera, el tiburón que rodea la mesa de la cocina cada noche...*
>
> LINDA MCCARRISTON

Estas líneas fueron escritas por una poetisa que, siendo niña, sufrió abusos físicos y sexuales y que, además, fue forzada a ver los golpes que recibían su hermano y su madre. La amenaza silenciosa y «tiburonesca», la espera interminable y el miedo creciente a veces son más insoportables que la propia violencia física. La experiencia de sufrir esta violencia puede ser muy difícil porque va acompañada de amenazas, tensión, miedo, dolor físico, desamparo, sentimiento de culpa, y una sensación de amor traicionado y de abandono.

El análisis científico no capta los detalles íntimos y psicológicos de vivir así, como tampoco puede medir, ni en centímetros ni en kilómetros, la diferencia entre la víctima y el superviviente. Sin embargo, las investigaciones clínicas y experimentales pueden definir mejor los efectos biológicos de la violencia al explicar los síntomas clínicos observados y ofrecer la posibilidad de mejorar las intervenciones. De este modo, a través de las investigaciones básicas y clínicas sobre los efectos de haber sufrido traumas importantes, se han acumulado bastantes evidencias de que esas experiencias producen cambios físicos duraderos en el cerebro y de que estos efectos pueden influir en la conducta del superviviente durante el resto de su vida.

En este capítulo me limitaré a tratar los efectos neurológicos y neuroendocrinos que padecen aquellos que sobreviven a la violencia, incluidos el maltrato físico, abuso sexual y otros traumas psicológica o físicamente estresantes. Quedan, por tanto, al margen los efectos de trauma físico directos sobre el cerebro, por ejemplo, las contusiones, las hemorragias, etc. Para los efectos psicológicos de la violencia, véase el capítulo escrito por Echeburúa y Guerricaechevarría.

2. Análisis de la experiencia violenta

Al abordar el análisis de los efectos del abuso sexual o el maltrato físico sobre un niño hay que aislar los elementos de esa experiencia. Así, se puede empezar por cuantificar los efectos clínicos y reproducirlos en estudios experimentales con animales. Aparte del daño físico en el niño, lo más característico de las agresiones son el daño emocional que en ocasiones provoca la desorientación psicológica (véase referencia 3 en la bibliografía). En este contexto, es útil pensar en el concepto de estrés, que tiene una larga historia clínica y experimental.

En los importantes estudios de Hans Selye [4], el estrés fue reconocido como un factor común en una gran variedad de traumas de índole biológica y psicológica. Todos ellos son capaces de producir una reacción compleja pero invariable en el individuo. Más recientemente algunas investigaciones han empezado a establecer diferencias en la reacción que se produce ante los distintos tipos de estímulos estresantes [5], pero el concepto unificado del estrés y su respuesta sigue estando vigente.

Desde el punto de vista de la psicología del sujeto, hay muchos factores que pueden alterar su respuesta ante la agresión. Entre ellos, cabe destacar la percepción del estrés agudo o crónico; la amenaza previa a la agresión; el maltrato físico, sexual o psicológico; el cambio de posición social después de la agresión; el ataque de un familiar a un extraño, y los posibles accidentes (quemaduras, septicemia, cirugía), etcétera. Otros elementos de la agresión más difíciles de controlar en el laboratorio incluyen el sentimiento de culpa, la vergüenza, etc.

Las características del individuo también influyen en el resultado. Entre ellas, cabe destacar el sexo, la etapa del desarrollo en la que se encuentre, las experiencias previas y otros factores biológicos, como las diferencias genéticas [6]. Al parecer, las diferentes características del trauma influyen en la frecuencia e intensidad de las reacciones psicológicas, pero no cambian su naturaleza [7].

3. La respuesta biológica

Como respuesta al estrés, comienzan a producirse cambios en la transcripción y metabolismo celular [8]. Estos cambios metabólicos también ocurren dentro en las neuronas [9], pero las reacciones más importantes del cerebro ante el estrés son las sistemáticas, coordinadas por el hipotálamo (zona cerebral responsable del control hormonal y autónomo de los órganos del cuerpo).

Entre estas reacciones se encuentra la del sistema nervioso autónomo simpático de secreción de adrenalina ante el ataque o la tensión aguda, y también la respuesta inmediata del eje hipotalámico-pituitario-adrenocortical (HPA) [10 y 11]. La respuesta de dicho eje empieza en el núcleo paraventricular del hipotálamo (PVH), que segrega el factor de liberación de la corticotropina (CRH) (véase fig. 5.1).

Este factor, por su acción en la glándula pituitaria, promueve la secreción de corticotropina (ACTH), que circula por la sangre para llegar a la corteza de las glándulas suprarrenales, donde estimula la producción y secreción de los corticoesteroides, sobre todo el cortisol. El cortisol coordina efectos en varios órganos para ayudar al cuerpo a enfrentarse a un ataque u otro estímulo estresante. Por un lado, aumenta el nivel sanguíneo de glucosa debido a su acción glucogenolítica en el hígado y los músculos; por otro, reduce la sensibilidad periférica a la insulina para hacer posible que el organismo disponga de más energía, y, finalmente, reduce la inflamación para mejorar la reacción frente a daños agudos.

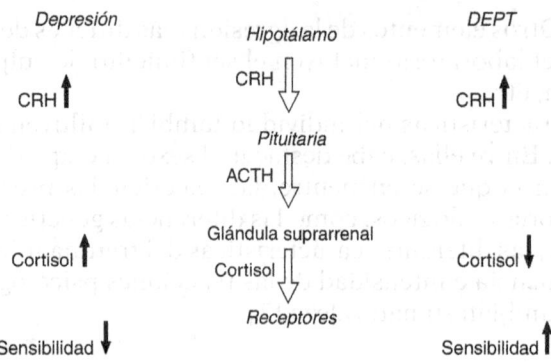

FIG. 5.1. *Eje hipotalámico-pituitario-adrenocortical y sus disfunciones*. Entre las funciones del hipotálamo se incluye la secreción de la hormona de liberación de la corticotropina (CRH), que estimula la glándula pituitaria para que produzca corticotropina (ACTH). La ACTH circula por la sangre, llegando a las glándulas suprarrenales, donde asegura la liberación de varios corticoesteroides, sobre todo cortisol. El cortisol tiene varias acciones importantes en varios tejidos del cuerpo y del cerebro, estimulando los receptores de glucocorticoides en estos tejidos. En la depresión (lado izquierdo de la figura), el hipotálamo produce demasiado CRH, con el resultado de un aumento crónico de cortisol. En cambio, la sensibilidad de los receptores de cortisol disminuye, reduciéndose su efecto en el tejido a pesar de su elevado nivel en sangre. En el lado derecho de la figura se ven los cambios funcionales del eje HPA en el trastorno por estrés postraumático (DEPT), entre ellos el aumento crónico de la CRH junto con el aumento de la sensibilidad de los receptores de cortisol, de modo que el efecto de éste en el tejido aumenta. Así, el efecto del cortisol en la pituitaria aumenta, reduciéndose la producción de ACTH, aun con niveles bajos de cortisol en sangre.

Además, el cortisol actúa en diferentes partes del cerebro; por ejemplo, sobre los receptores del hipotálamo y de la pituitaria, haciendo que descienda rápidamente el nivel de cortisol por un efecto de retroalimentación negativa, tras el súbito incremento que tiene lugar ante la situación de emergencia. También existen receptores de glucocorticoides —lugar de acción del cortisol— en otras partes del cerebro, pero su función no siempre es conocida.

En la reacción al estrés agudo, descrito por Selye, los niveles sanguíneos del factor de liberación de la corticotropina

(CRH) y cortisol aumentan súbitamente, pero bajan rápidamente después de la fase aguda. En las últimas dos décadas, la investigación científica ha demostrado que el estrés crónico provoca una serie de cambios adicionales y que estos cambios endocrinos también ocurren en muchos pacientes con depresión clínica [12].

Uno de los cambios asociados con la depresión, resumidos en la figura 5.1, es el aumento persistente de la CRH, con el resultado de un incremento crónico en los niveles sanguíneos de cortisol. En cambio, los receptores de glucocorticoides muestran una sensibilidad reducida al cortisol, de modo que su efecto biológico disminuye, a pesar de los niveles altos en sangre, debilitando el control retroalimentario del cortisol en la pituitaria y el hipotálamo.

El trastorno por estrés postraumático (DEPT) es un síndrome recientemente reconocido en el que los supervivientes de sucesos extremadamente estresantes, como la guerra, la violación, el maltrato, etc., experimentan de forma persistente o tardía altos niveles de ansiedad, que a veces incluso es psíquicamente paralizante; pensamientos intrusivos y recurrentes sobre la experiencia traumática; insensibilidad psicológica, y conducta de evitación ante estímulos relacionados con esta experiencia.

Cuando el eje HPA fue estudiado en pacientes con DEPT se encontraron cambios endocrinos muy distintos de los cambios característicos en los depresivos [13] (véase fig. 5.1). Aunque el nivel de cortisol en sangre, orina y saliva era reducido, los receptores de glucocorticoides aumentaron en número y sensibilidad, aumentando los efectos de cortisol en varios tejidos. Debido a esto, la acción retroalimentaria de cortisol en el hipotálamo y pituitaria está reforzada y, por ello, los niveles sanguíneos de cortisol siguen siendo reducidos a pesar de la actividad elevada de la corticotropina. Es interesante comprobar cómo, en los pacientes que sufren la combinación de depresión y DEPT, el eje HPA sigue el patrón de función de DEPT y no el patrón depresivo ni una mezcla de los dos.

Estas distinciones endocrinas entre depresión y DEPT indican que sufrir estrés o violencia puede provocar por lo menos dos reacciones patológicas distintas, que tienen sus propios mecanismos cerebrales y distintas consecuencias biológicas.

Algunas observaciones clínicas del DEPT se explican por los cambios que ocurren en el eje HPA. Por ejemplo, es un hecho constatado que el eje HPA tiene distintas funciones y sensibilidad en las mujeres y en los hombres [14 y 15], algo que puede contribuir a la bien conocida predisposición femenina a la depresión o al DEPT después de un trauma.

Además, existen factores clínicos que predisponen al desarrollo del DEPT, que incluyen antecedentes de depresión, ansiedad, y traumas anteriores, como maltrato infantil, violación, separación de los padres en la niñez, etc. [16]. En el laboratorio, el ambiente también influye mucho en la respuesta del eje HPA en animales expuestos a estímulos estresantes, por ejemplo, haber recibido anteriormente estimulación o caricias reduce la respuesta del eje HPA al estrés, mientras que la separación temprana de la madre, el trauma físico o haber recibido una inyección con endotoxina aumentan la respuesta del eje HPA al estrés [17]. Estos efectos parecen ser debidos a cambios en la expresión del gen del receptor glucocorticoide en el hipocampo y en la corteza frontal.

Estas observaciones nos recuerdan que el eje HPA no funciona aisladamente del resto del cerebro. La función del hipotálamo está influida por varios centros cerebrales, entre ellos el sistema límbico y la corteza frontal (fig. 5.2). Por lo general, el sistema límbico analiza experiencias desde el punto de vista afectivo, contribuyendo a la respuesta emocional de la conducta. Entre las estructuras claves de este sistema se encuentran el hipocampo y la amígdala. Por un lado, el hipocampo es esencial para el análisis y la memoria, conectándose con el hipotálamo por medio del fórnix y, por otro, la amígdala registra las respuestas afectivas negativas tales como la ira, el miedo, etc., participando en cualquier experiencia que tenga una fuerte carga emotiva, ya sea positiva o negativa, y está conectada con el hipotálamo por la estría terminalis y también por otras fibras directas [18].

La corteza cerebral, última zona desarrollada en la evolución cerebral, procesa los estímulos de una manera muy sofisticada, permitiendo el desarrollo de toda la psicología humana. Concretamente, la corteza frontal selecciona los estímulos y las percepciones más importantes para determinar reacciones y planes de conducta [19] y tiene conexión indirecta con el hipotálamo a través del tálamo. Asimismo, el tronco cerebral cuenta con varias conexiones con el hipotálamo.

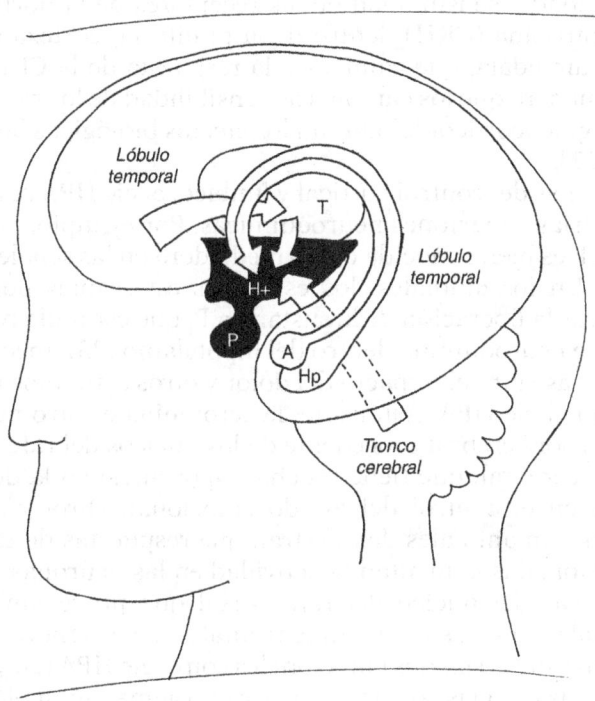

FIG. 5.2. *Algunas conexiones del cerebro con el hipotálamo.* El hipotálamo es la fuente del eje hipotalámico-pituitario-adrenocortical. Recibe importantes influencias de varios núcleos del tronco cerebral. También recibe invervaciones procedentes de la amígdala (A) y del hipocampo (Hp), dos núcleos del lóbulo temporal que juegan un papel muy importante en el sistema límbico. Además, recibe inervaciones de los lóbulos frontales a través del tálamo (T). Éstos son algunos de los sistemas cerebrales que influyen en la función del hipotálamo, que a su vez dirige la secreción de varias hormonas por la pituitaria, entre ellas la corticotropina (ACTH) que estimula la liberación de cortisol por las glándulas suprarrenales.

Las investigaciones en animales sometidos a estímulos estresantes en el laboratorio indican que las zonas corticales y límbicas dirigen la respuesta del eje HPA en determinados tipos de trauma, pero no en todos [20]. El núcleo central de la amígdala es especialmente importante en estrés agudo, pero no en estrés condicionado [21]. Un mecanismo posible para controlar la actividad del eje HPA incluye el control de la cantidad y sensibilidad de los receptores de la hormona corticotropina (CRH) dentro de la pituitaria, corteza cerebral y amígdala, que cambiaría la respuesta de la CRH, de igual manera que los cambios de sensibilidad de los receptores de glucocorticoides alteran los efectos biológicos de cortisol [22].

Además del control cortical y límbico, el eje HPA responde a varias conexiones neuroquímicas. Por ejemplo, la sustancia P es bien conocida como mediadora en las señales del dolor. En los animales, los estímulos estresantes pueden provocar la liberación de la sustancia P, que estimula receptores de neuroquinina dentro del hipotálamo (23), mecanismo que asegura el impacto del dolor y otros estímulos nocivos con el eje HPA. Asimismo, la serotonina es otro neurotransmisor cerebral procedente de los núcleos del rafe en el tronco cerebral, que tiene mucha importancia en la depresión y en el control del estado emocional. Otros experimentos con animales demuestran que respuestas de temor condicionadas aumentan la actividad en las neuronas serotonérgicas del núcleo del rafe dorsal que proyectan a la amígdala y a otras estructuras frontales, conectando la depresión y otros estados emocionales con el eje HPA [24 y 25].

En cuanto a las conexiones entre el sistema inmunológico y el sistema nervioso central, se ha descubierto recientemente que, ante una experiencia traumática, el factor inmunológico interleuquina-1 funciona como modulador de la acción neuronal, a través de receptores en la pituitaria y en el hipotálamo, promoviendo una respuesta integrada de los sistemas simpáticos, neuroendocrinos e inmunológicos [26].

4. Los efectos en los niños

Aunque la mayoría de las investigaciones clínicas sobre la depresión y el DEPT han sido realizadas con adultos, los cuadros clínicos parecen ser muy semejantes o iguales en los niños expuestos a la violencia u otros factores estresantes [27]. Ante determinados traumas, los niños pueden desarrollar muchos efectos duraderos en su psicología y comportamiento, y cambios clínicos —que van acompañados de cambios en la función del eje HPA—, semejantes a los que experimentan los adultos. Por ejemplo, un estudio realizado con un grupo de niños con depresión, que sufrían maltrato físico, demostró un aumento en la secreción de corticotropina tras la estimulación con CRH, consistente en una respuesta de tensión crónica o depresión [28]. Por el contrario, los adolescentes que padecían DEPT después de un terremoto tenían niveles salivares bajos de cortisol, al igual que los adultos con DEPT [29]. En otro estudio realizado con un grupo de mujeres con síntomas persistentes de DEPT debidos al abuso sexual que sufrieron en su niñez, éstas mostraron una mayor inhibición de cortisol por dexametasona, demostrando alteraciones persistentes en la función del eje HPA relacionadas con el trauma psicológico en la niñez [30].

Antes señalamos que la separación materna y otros traumas físicos provocan disfunción en el eje HPA en los animales [17]. De igual manera, varios estudios comprueban la sensibilidad del eje HPA en los humanos recién nacidos. Por ejemplo, un parto estresante o irregular (determinado por escala Apgar y otros factores) puede alterar la respuesta cardiovascular del bebé ante estímulos estresantes inmediatamente después del parto [31], y también influir en los niveles sanguíneos de cortisol y en la respuesta al estrés hasta unos seis meses después del mismo [32]. La tensión o estrés en la madre durante el embarazo correlaciona con la función del sistema nervioso autónomo del feto [33], y predice trastornos de ansiedad, déficit de atención y desórdenes del comportamiento social tanto en los niños como en los animales [34]. Los cambios persistentes en la función del eje HPA, debidos a haber sufrido estrés durante la infancia y adolescencia, pueden conducir a una psicopatología en la edad adulta [35 y 37].

El estrés en los recién nacidos también puede provocar hemorragias intraventriculares o leucomalacias periventriculares y daños cerebrovasculares, que aseguran otro mecanismo para que los estímulos estresantes puedan producir cambios duraderos en el comportamiento [38]. Esto sugiere que los daños en lugares específicos del cerebro pueden predisponer al individuo a desarrollar un cuadro clínico de DEPT, hipótesis también apoyada por la alta frecuencia de ligeras anomalías que se detectan en la exploración neurológica y en el desarrollo de adultos que padecen DEPT [39].

5. El hipocampo: el daño permanente y su prevención

La probabilidad de sufrir un daño permanente en el cerebro debido al DEPT es muy alarmante. El hipocampo, elemento esencial para grabar impresiones y datos afectivos en la memoria, contiene una alta concentración de receptores de glucocorticoides. La administración crónica de esteroides produce pérdida de memoria y atrofia permanente del hipocampo tanto en los animales como en los seres humanos [40].

En varios individuos con DEPT, en los que se ha estudiado minuciosamente la morfometría del hipocampo mediante resonancia magnética, se ha demostrado un tamaño reducido del hipocampo bilateral, aunque a veces con un significado estadístico marginal debido a lo reducido del número de pacientes estudiados [41 y 44]. Como ya se ha descrito anteriormente, los pacientes con DEPT tienen bajos niveles sanguíneos de cortisol pero, debido a la alta sensibilidad y al número de receptores de glucocorticoides, la acción del cortisol en el tejido aumenta en comparación con las personas normales. Por ello, la atrofia del hipocampo sugiere que la hipersensibilidad de los receptores conduce a su destrucción. Esto puede explicar, en parte, el déficit crónico de memoria en pacientes con DEPT.

Hay que reconocer que estos estudios clínicos también se

podrían explicar por un daño previo en el hipocampo, que podría aumentar la predisposición a sufrir el DEPT. Hasta cierto punto, se puede descartar esta explicación alternativa debido a los estudios experimentales realizados anteriormente [40]. Para comprobar su existencia deberían hacerse estudios longitudinales en aquellos pacientes con DEPT crónico, con el fin de demostrar la destrucción progresiva del hipocampo.

A este respecto, se están poniendo en marcha algunas estrategias para proteger las neuronas del hipocampo, utilizando preparaciones experimentales bloqueadoras del receptor N-methyl-D-aspartate (NMDA) y protectoras de funciones de potenciación y depresión a largo plazo, dos medidas celulares de la función del hipocampo utilizadas en ratas estresadas [45]. La reducción de actividad de la serotonina también protege al hipocampo [46]. Una sustancia relacionada con los esteroides, que tiene actividad estimuladora en el receptor γ-amino ácido butírico (GABA), ha logrado con éxito proteger a las neuronas del hipotálamo y del hipocampo de los efectos de estímulos estresantes en ratas recién nacidas [47].

6. Conclusión

No todos los niños expuestos a la violencia padecen trastornos crónicos. La reacción del niño depende mucho del tipo de violencia al que está sometido —lo que ve y experimenta, la intensidad y frecuencia de los hechos, es decir, lo que podríamos llamar la «dosis» de violencia que recibe—, ya sea abuso sexual, maltrato físico, problemas sociales, desastres naturales, conflictos armados, etc. Pero quizás lo más importante sean las características del sujeto; es decir, su estado de madurez, antecedentes traumáticos, el apoyo familiar y social del niño, etc. [48].

Después de experimentar episodios violentos o estresantes, muchos supervivientes tienen reacciones limitadas, con una recuperación más o menos completa. Pero entre los que padecen trastornos más duraderos, la reacción psicológica se asocia con cambios físicos concretos en el eje HPA y en los sistemas cerebrales que lo controlan. Desde antes del nacimiento, los estímulos estresantes repercuten en las funciones del HPA y del SNA, dejándolas, además, más sensibles respecto de los traumas posteriores. Pero aún más preocupante es la probabilidad de que otras estructuras cerebrales queden dañadas permanentemente, sobre todo en el hipocampo, debido a aquellos cambios funcionales.

El trastorno por estrés postraumático es el resultado relativamente común de haber sido expuesto a la violencia, y tiene unos efectos duraderos y debilitadores tanto en el comportamiento como en el sistema neuroendocrino del individuo. Por ello, se ha dado énfasis al DEPT en este capítulo. Pero hay que recordar que el DEPT y la depresión son partes de un espectro todavía más amplio de respuestas clínicas ante la violencia [49 y 50], un espectro cuyo impacto en la estructura y función del cerebro merece mucha más investigación en el futuro.

Referencias bibliográficas

1. Moynihan, J. A. y Ader, R. (1996): «Psychoneuroimmunology: Animal models of disease», *Psychosomatic Medicine*, 58, pp. 546-558.
2. Wilder, R. L. (1995): «Neuroendocrine-immune system interactions and autoimmunity», *Annual Review of Immunology*, 13, pp. 307-38.
3. Brain, P. F. (1997): «Emotional and biological consequences of threat and attack on victims», en J. S. Grisolía *et al.*, *Violence: From biology to society*, Amsterdam, Elsevier.
4. Selye, H. (1978): *The stress of life*, Nueva York, McGraw-Hill.
5. Kopin, I. J. (1995): «Definitions of stress and sympathetic neuronal responses», *Annals of the New York Academy of Sciences*, 771, pp. 19-30.
6. Eley, T. C. y Plomin, R. (1997): «Genetic analyses of emotionality», *Current Opinion in Neurobiology*, 7, pp. 279-284.
7. Kessler, R. C. *et al.* (1995): «Posttraumatic stress disorder in the national comorbidity survery», *Archives General Psychiatry*, 52, pp. 1048-1060.
8. Ribiero, S. P.; Villar, J. y Slutsky, A. S. (1995): «Induction of the stress response to prevent organ injury», *New Horizons*, 3, pp. 301-311.

9. Massa, S. M.; Swanson, R. A. y Sharp, F. R. (1996): «The stress gene response in brain», *Cerebrovascular & Brain Metabolism Reviews*, 8, pp. 95-158.
10. Munck, A.; Guyre, P. M. y Holbrook, N. J. (1984): «Physiological functions of glucocorticoids in stress and their relation to pharmacological actions», *Endocrine Reviews*, 93, pp. 9779-9783.
11. Herman, J. P. y Cullinan, W. E. (1997): «Neurocircuitry of stress: Central control of the hypothalamo-pituitary-adrenocortical axis», *Trends in Neurosciences*, 20, pp. 78-84.
12. Kathol, R. G.; Jaeckle, R. S. y López, W. F. (1989): «Pathophysiology of HPA axis abnormalities in patients with major depression: an update», *American Journal of Psychiatry*, 1246, pp. 311-317.
13. Yehuda, R. (1998): «Recent developments in the neuroendocrinology of posttraumatic stress disorder», *CNS Spectrums*, 3, pp. 23-29.
14. Young, E. A. (1998): «Sex differences and the HPA axis: implications for psychiatric disease», *Journal of Gender-Specific Medicine*, 1, pp. 21-27.
15. Jezova, D. *et al.* (1996): «Neuroendocrine response during stress with relation to gender differences», *Acta Neurobiologiae Experimentalis*, 56, pp. 779-785.
16. McFarlane, A. C. (1989): «The aetiology of posttraumatic morbidity: predisposing, precipitating and perpetuating factors», *British Journal of Psychiatry*, 154, pp. 221-228.
17. Meany, M. J. *et al.* (1996): «Early environmental regulation of forebrain glucocorticoid receptor gene expression: implications for adrenocortical reponses to stress», *Developmental Neuroscience*, 18, pp. 49-72.
18. Grisolía, J. S. (1998): «Neurología y violencia en la edad postmoderna», *Anuales Real Academia Doctores*, 2, pp. 93-102.
19. Fuster, J. (1997): *The prefrontal cortex: Anatomy, physiology and neuropsychology of the frontal lobe*, Nueva York, Lippincott-Raven.
20. Senba, E. y Ueyama, T. (1997): «Stress-induced expression of immediate early genes in the brain and peripheral organs of the rat», *Neuroscience Research*, 29, pp. 183-207.
21. Roosendaal, B.; Koolhaas, J. M. y Bohus, B. (1997): «The role of the central amygdala in stress and adaption», *Acta Physiologica Scandinavica. Supplementum*, 640, pp. 51-54.
22. De Souza, E. B. (1995): «Corticotropin-releasing factor receptors: physiology, pharmacology, biochemistry and role in central nervous system and immune disorders», *Psychoneuroendocrinology*, 20, pp. 789-819.

23. Culman, J. y Unger, T. (1995): «Central tachykinins: mediators of defence reaction and stress reactions», *Canadian Journal of Physiology and Pharmacology*, 73, pp. 885-891.
24. Hensman, R. *et al.* (1991): «Effects of ritanserin on aversive classical conditioning in humans», *Psychopharmacology*, 104, pp. 220-224.
25. Deakin, J. F. (1988): «5HT2 receptors, depression and anxiety», *Pharmacology Biochemistry and Behavior*, 29, pp. 819-826.
26. Takao, T.; Hashimoto, K. y De Souza, E. B. (1995): «Modulation of interleukin-1 receptors in the brain-endocrine-immune axis by stress and infection», *Brain, Behavior and Immunity*, 9, pp. 276-291.
27. Singer, M. I. *et al.* (1995): «Adolescents' exposure to violence and associated symptoms of psychological trauma», *JAMA*, 273, pp. 477-482.
28. Kaufman, J. *et al.* (1997): «The corticotropin-releasing hormone challenge in depressed abused, depressed nonabused, and normal control children», *Biological Psychiatry*, 42, pp. 669-679.
29. Goenjian, A. K. *et al.* (1996): «Basal cortisol and dexamethasone supression of cortisol among adolescents after the 1988 earthquake in Armenia», *American Journal of Psychiatry*, 153, pp. 929-934.
30. Stein, M. B. *et al.* (1997): «Enhanced dexamethasone suppression of plasma cortisol in adult women traumatized by childhood sexual abuse», *Biological Psychiatry*, 42, pp. 680-686.
31. Van Reempts, P. J. *et al.* (1996): «Stress responses in preterm neonates after normal and at-risk pregnancies», *Journal Pediatrics & Child Health*, 32, pp. 450-456.
32. Ramsay, D. S. y Lewis, M. (1995): «The effects of birth condition on infants' cortisol response to stress», *Pediatrics*, 95, pp. 546-549.
33. DiPietro, J. A. *et al.* (1996): «Development of fetal movement-fetal heart rate coupling from 20 weeks through term», *Early Human Development*, 44, pp. 139-151.
34. Weinstock, M. (1997): «Does prenatal stress impair coping and regulation of hypothalamic-pituitary-adrenal axis?», *Neuroscience Biobehavioral Reviews*, 21, pp. 1-10.
35. Heim, C. *et al.* (1997): «Persistent changes in corticotropin-releasing factor systems due to early life stress: relationship to the pathophysiology of major depression and posttraumatic stress disorder», *Psychopharmacology Bulletin*, 33, pp. 185-192.

36. Piazza, P. V. y Le Moal, M. L. (1996): «Pathophysiological basis of vulnerability to drug abuse: role of an interaction between stress, glucocorticoids, and dopaminergic neurons», *Annual Review Pharmacology & Toxicology*, 36, pp. 359-378.
37. Stratakis, C. A.; Gold, P. W. y Chrousos, G. P. (1995): «Neuroendocrinology of stress: implications for growth and development», *Hormone Research*, 43, p. 162.
38. Anand, K. J. (1998): «Clinical importance of pain and stress in preterm neonates», *Biology Neonate*, 73, pp. 1-9.
39. Gurvits, T. V. *et al.* (1997): «Neurological status of combat veterans and adult survivors of sexual abuse with PTSD», *Annals New York Academy of Sciences*, 821, pp. 468-471.
40. Sapolsky, R. M. (1996): «Why stress is bad for your brain», *Science*, 273, pp. 749-750.
41. Bremner, J. D. *et al.* (1995): «MRI-based measurement of hippocampal volume in patients with combat-related posttraumatic stress disorder», *American Journal of Psychiatry*, 152, pp. 973-981.
42. Bremner, J. D. *et al.* (1997): «Magnetic resonance imaging-based measurement of hippocampal volume in posttraumatic stress disorder related to childhood physical and sexual abuse: a preliminary report», *Biological Psychiatry*, 41, pp. 23-32.
43. Gurvits, T. V. *et al.* (1996): «Magnetic resonance imaging study of hippocampal volume in chronic, combat-related posttraumatic stress disorder», *Biological Psychiatry*, 40, pp. 1091-1099.
44. Stein, M. B. *et al.* (1997): «Hippocampal volume in women victimized by childhood sexual abuse», *Psychological Medicine*, 27, pp. 951-960.
45. Kim, J. J.; Foy, M. R. y Thompson, R. F. (1996): «Behavioral stress modifies hippocampal plasticity through N-methyl-D-aspartate receptor activation», *Proceedings of the National Academy of Science (USA)*, 93, pp. 4750-4753.
46. McEwen, B. S. *et al.* (1997): «Prevention of stress-induced morphological and cognitive consequences», *European Neuropsychopharmacology*, 7 Supp l3, S 323-8.
47. Patchev, V. K. *et al.* (1997), «Neonatal treatment of rats with the neuroactive steroid tetrahydrodeoxycorticosterone (THDOC) abolishes the behavioral and neuroendocrine consequences fo adverse early life events», *Journal of Clinical Investigation*, 99, pp. 962-966.
48. Cowen, E. L. *et al.* (1997): «Follow-up study of young stress-affected and stress-resilient urban children», *Development and Psychopathology*, 9, pp. 565-577.

49. Van der Kolk, B. A. *et al.* (1996): «Dissociation, somatization and affect dysregulation: the complexity of adaptation to trauma», *American Journal of Psychiatry*, 153, S83-93.
50. Maughan, B. y McCarthy, G. (1997): «Childhood adversities and psychosocial disorders», *British Medical Bulletin*, 53, pp. 156-169.

Capítulo 6

PREVENCIÓN Y TRATAMIENTO*

por Barbara L. Bonner**

---

* Versión española de Javier de Jonge.
** Barbara L. Bonner es profesora de Pediatría del Centro de Ciencias de la Salud de la Universidad de Oklahoma y directora del Center on Child Abuse and Neglect. Ha realizado numerosos trabajos de investigación patrocinados por el National Center on Child Abuse and Neglect sobre el tratamiento del maltrato físico, niños con problemas de conducta sexual, tratamiento de agresores sexuales juveniles, etc. Es autora de numerosos artículos sobre terapia psicológica en el tratamiento de problemas relacionados con el maltrato infantil. E-mail: Barbara-Bonner@ouhsc.edu.

1. **Introducción**

El abuso sexual infantil se está convirtiendo en uno de los principales problemas sociales. Alcanzó un gran eco en Estados Unidos en la primera década de los años ochenta y, desde entonces, los profesionales de todo el mundo empezaron a reconocer y diagnosticar casos de abuso sexual infantil e intervenir en ellos.

La definición de abuso sexual infantil suele variar de un país a otro. No obstante, podríamos definirlo, en términos generales, como la explotación de niños y adolescentes, dependientes e inmaduros, en prácticas sexuales sobre las que no pueden dar un consentimiento informado y que gratifican sexualmente a otra persona (Krugman y Jones, 1987). Esta definición incluye tanto el comportamiento sexual inapropiado o violento entre niños como el comportamiento sexual ilegal de adolescentes y adultos con niños.

La incidencia y prevalencia del abuso sexual infantil a escala internacional no ha sido documentada hasta la fecha. En algunos países todavía no se reconoce a las claras el abuso sexual infantil como un problema legal o social. En aquellos países donde sí se reconoce este problema, se supone que el número de casos denunciados o conocidos es menor del real.

Un estudio reciente recoge las cifras del abuso sexual infantil en 21 países (Finkelhor, 1994). Sorprendentemente, el informe pone de manifiesto que, en aquellos países donde se ha analizado la incidencia y prevalencia del abuso sexual infantil, los datos son comparables a los de Estados Unidos. Con todo, los índices varían debido a que se manejan definiciones diferentes de abuso sexual infantil y se emplean metodologías distintas. Las estimaciones en el caso de las niñas víctimas de abuso sexual oscilan entre el 7 y el 36 por ciento, y entre el 3 y el 29 por ciento en el caso de los hombres, cifras extraordinariamente similares a las obtenidas en Estados Unidos. Este estudio evidencia que el abuso sexual infantil es, de hecho, un problema internacional.

Aunque no se conocen las cifras exactas del abuso sexual en todos los países, podemos utilizar la información de Estados Unidos como paradigmática, ya que los datos parecen ser similares a los del resto de países occidentales. La información recogida en la última década en Estados Unidos (US Department of Health and Human Services, 1996; Consentino y Collins, 1996; Finkelhor y Berliner, 1995; Rispens, Aleman, y Goudena, 1997) permite decir que:

1. Se abusa sexualmente de los niños y adolescentes de todas las edades, desde la infancia hasta los 18 años.
2. Los hombres de todas las edades abusan sexualmente más de los niños que las mujeres.
3. La tasa de abuso sexual de chicas supera entre 1,5 y 3 veces la de los chicos.
4. De todos los casos confirmados de maltrato infantil, entre el 13 y el 15 por ciento son de abuso sexual.
5. Aproximadamente el 25 por ciento de todas las mujeres y el 10 por ciento de todos los hombres han tenido alguna experiencia de abuso sexual antes de los 18 años.
6. Sólo en un 50 por ciento de los casos los niños cuentan a alguien su experiencia; aproximadamente el 15 por ciento de los casos se denuncia a las autoridades y tan sólo el 5 por ciento acaban en procesos judiciales.
7. Los efectos del abuso sexual pueden ir desde síntomas leves a corto plazo hasta secuelas graves y a largo plazo que afectan el desarrollo del adulto.
8. Algunos estudios empíricos han empezado a mostrar la efectividad de las intervenciones cognitivo-conductuales en los niños víctimas de abuso sexual.

9. Están teniendo éxito los programas de prevención de la victimización infantil basados en la enseñanza de conceptos sobre el abuso sexual y en la adquisición de habilidades de autoprotección.
10. Prácticamente no se han hecho ensayos para prevenir el abuso sexual mediante programas de prevención dirigidos a los potenciales agresores.

El número de niños que están recibiendo tratamiento psicológico por haber sufrido abusos sexuales va en aumento. Es interesante resaltar que el tratamiento por abuso sexual se diferencia de otros tipos de psicoterapia infantil en que el abuso sexual es una experiencia, y no un trastorno o un síntoma; es decir, a los niños se les trata porque han sufrido una experiencia de abuso y no porque esa experiencia se haya traducido necesariamente en síntomas o problemas comportamentales (Finkelhor y Berliner, 1995). Los efectos de haber sufrido abuso sexual están bien documentados en la bibliografía y pueden ir desde síntomas leves y a corto plazo, hasta problemas a largo plazo que afecten al desarrollo del adulto (Kendall-Tacket, Williams y Finkelhor, 1993; Jumper, 1995). Entre los problemas que suelen aparecer en las víctimas de abuso sexual y que deberían ser evaluados y, en caso necesario, tratados, figuran los siguientes: comportamientos y conocimientos sexuales inapropiados; temor, pesadillas y trastornos del sueño; depresión, ira y hostilidad reprimidas, y problemas comportamentales y somáticos (por ejemplo, Conte y Schuerman, 1987; Mian, Marton y LeBaron, 1996; Wells, McCann, Adams, Voris y Ensign, 1995). Es interesante destacar que el abuso sexual tiene efectos parecidos tanto en los niños como en las niñas, aunque los primeros tienen mayor probabilidad de mostrar problemas, como los de comportamiento agresivo y, en particular, los de comportamiento sexual agresivo.

El único síntoma que diferencia a los niños que han sufrido abuso sexual de los que han padecido otro tipo (o ningún tipo) de maltrato es una conducta sexual inapropiada (por ejemplo, Mian y otros, 1996; Friedrich, 1997). Esta conducta puede ir desde enseñar los genitales o masturbarse compulsivamente, hasta forzar a otros niños a tener relaciones sexuales con ellos (Friedrich, 1997).

Putnam y Trickett (1997) pusieron de manifiesto que algunos de los principales sistemas fisiológicos de respuesta al estrés en las niñas que habían sufrido abuso sexual manifestaban problemas o mal funcionamiento. Estos autores sugieren, inicialmente, que el abuso sexual incrementa los niveles de catecolamina, como evidencia el aumento de la agitación e hiperactividad. Los autores señalan, además, que podrían producir efectos negativos en el sistema inmunológico y en el desarrollo fisiológico, lo que podría conllevar ciertas repercusiones psicosociales y comportamentales. A medida que se obtengan más datos sobre los efectos psicobiológicos del abuso sexual infantil, los profesionales relacionados con la salud mental deberán tenerlos en cuenta para evaluar y tratar a niños y adolescentes.

Aunque los efectos negativos del abuso sexual sobre los niños están claramente documentados en la bibliografía, diversos estudios han puesto de manifiesto que algunos niños no padecen los problemas que se espera que aparezcan tras el abuso sexual (Kendall-Tackett y otros, 1993). Hay varios factores relacionados con esta capacidad de recuperación que tienen los niños que han sufrido abuso sexual. Entre ellos figuran el hecho de que el progenitor que no ha abusado sexualmente del niño (en lo sucesivo, el progenitor no abusador) lo crea y apoye, y el nivel de abuso y estrés que la víctima haya sufrido (Spaccarelli y Kim, 1995). Aunque el tratamiento no puede prevenir el estrés que sufre el niño, se pueden realizar intervenciones dirigidas a reducir los síntomas estresantes asociados y a aumentar el apoyo por parte del progenitor no abusador y otros familiares.

Dentro de la práctica clínica, la evaluación y tratamiento de las víctimas de abuso sexual infantil todavía es un área en desarrollo. Las directrices actuales recomiendan que se haga una valoración a fondo de las capacidades y necesidades, tanto del niño como de la familia, antes de comenzar el tratamiento. En particular, hay que evaluar el funcionamiento cognitivo, emocional y comportamental del niño, los tipos y niveles de estrés experimentados antes y después de comunicar el abuso; el nivel de seguridad real y el que percibe el niño; y la capacidad de la familia para apoyarle (Bonner, Kaufman, Harbeck y Brassard, 1992; Wolfe y Wolfe, 1998). Como la bibliografía resalta cada vez más la importancia de la respuesta de los padres en la recuperación de los niños que han sufrido abuso sexual (Cohen y Mannarino, 1996-1998), seguidamente incluiré las intervenciones terapéuticas que resultan más útiles a este respecto.

2. Tratamientos

Hasta hace poco, el tratamiento que los médicos dispensaban a los niños que habían sufrido abuso sexual tenía poca base empírica debido a la escasez de estudios metodológicos de calidad. Finkelhor y Berliner publicaron en 1995 un resumen de los descubrimientos y conclusiones de 29 estudios sobre la efectividad de los tratamientos de los niños que habían padecido abuso sexual (Finkelhor y Berliner, 1995). En general, estos estudios coincidían en señalar que la terapia facilitaba la recuperación de los niños Sin embargo, tan sólo cinco de estos 29 estudios mostraban de forma clara que las mejoras se debían al tratamiento y no simplemente al paso del tiempo o a otros factores. Otras conclusiones que se obtenían en el panorama de Finkelhor y Berliner eran que:

a) Se usan diversos tratamientos con los niños. Entre ellos figuran intervenciones en momentos de crisis, música, juegos, dinámica de grupo, psicodinámica, técnicas cognitivo-conductuales, apoyo educacional, drama, terapia familiar y tratamiento específico del maltrato.
b) Los niños mejoran.
c) La agresividad y el comportamiento sexualizado en ocasiones no remite tras la terapia estándar y, en consecuencia, precisa tratamientos específicos.
d) En ocasiones, algunas terapias no son efectivas.
e) El diseño y la metodología de los estudios realizados hasta la fecha son, por lo general, deficientes.
f) La efectividad del tratamiento del abuso sexual sigue sin demostrarse.

Los autores concluyen con una lista de asuntos que merecen especial atención en futuros estudios sobre resultados terapéuticos, tales como:

a) La diversidad de efectos que se producen en las víctimas de abuso sexual infantil, incluyendo a los niños que no presentan ningún síntoma.

b) La posibilidad de que se produzcan efectos latentes graves que pueden aparecer años después.

c) La importancia del apoyo familiar en el resultado del tratamiento.

d) El problema del desgaste y el abandono del tratamiento.

e) El tiempo que debe durar el tratamiento.

f) La utilidad de un tratamiento específico para el abuso sexual.

g) La invención y aplicación de terapias e instrumentos específicos para evaluar los resultados.

El trabajo de Finkelhor y Berliner (1995) pone de manifiesto, finalmente, que para determinar la efectividad de los tratamientos, es necesario que las investigaciones se basen en ensayos clínicos aleatorios realizados a gran escala con grupos control.

Aunque todavía no se han realizado esos ensayos aleatorios a gran escala, desde el trabajo de Finkelhor y Berliner (1995) se han hecho algunas investigaciones que, en cierto modo, han documentado la efectividad del tratamiento. Analizaré seguidamente algunas de estas investigaciones, relacionándolas con las distintas fases evolutivas del niño.

3. **Intervenciones en niños de preescolar**

La bibliografía existente refiere pocos programas de tratamiento específicos para niños de preescolar. Hasta hace poco no se habían realizado estudios empíricos sobre los resultados del tratamiento a esta edad. Los tratamientos que se describen en la bibliografía clínica incluyen intervenciones individuales (terapia de juego modificada) e intervenciones con las madres para mejorar las habilidades de los progenitores (Long, 1986); un tratamiento estructurado en grupos paralelos integrados por los niños y sus madres (Damon y Waterman, 1986); tratamientos centrados en la expresión de los sentimientos en vez de en los cambios comportamentales y, por último, tratamientos conductuales en terapia individual con niños de tres años y medio (Ruma, 1993).

En Estados Unidos se han publicado recientemente dos estudios importantes acerca de la efectividad que tienen las intervenciones en los niños de preescolar y sus cuidadores. Ambas investigaciones consideran que es importante la manera como los padres reaccionen frente al abuso —algo ya documentado en la bibliografía—, y recalcan la necesidad de que la intervención se centre tanto en el niño como en el progenitor (la madre, normalmente) no abusador.

El primer estudio es el de Stauffer y Deblinger (1996). En él se evalúa la efectividad que el tratamiento cognitivo-conductual tiene en dos grupos durante once semanas. El primero de estos grupos está formado por 19 madres que no habían abusado, y el otro, por sus hijos de edades comprendidas entre los dos y los cinco años. En el estudio se evalúan los niveles de angustia de las madres a las que se les pregunta acerca del comportamiento de los niños en cuatro ocasiones: antes del tratamiento, en la primera cita, después del tratamiento y a los tres meses.

Las madres y los niños de este estudio se reunieron en grupos separados durante once sesiones de dos horas cada una. Las intervenciones en ambos grupos estaban basadas en técnicas cognitivo-conductuales. El grupo de terapeutas encargado de los padres fue diseñado para:

a) Ayudar a los padres a afrontar sus reacciones emocionales y poder así prestar más apoyo a sus hijos.

b) Educar a los padres para mejorar su comunicación con los hijos respecto de la experiencia del abuso y otros temas relacionados con una sexualidad sana.

c) Enseñar a los padres técnicas de control del comportamiento.

En el grupo de los niños se usaron técnicas cognitivo-conductuales, como el modelado y el *role playing*, con el fin de ayudarlos a desarrollar habilidades y a controlar su comportamiento. Los principales objetivos del grupo eran reducir el sentimiento de aislamiento o estigmatización en los niños, mejorar su sensación de bienestar general, darles información adaptada a su fase de desarrollo sobre el abuso sexual infantil y la sexualidad sana, y enseñarles a distinguir entre los contactos físicos normales y los «no aceptables», técnicas de seguridad personal y de comunicación, y métodos para enfrentarse a sus problemas. En las sesiones también se incluía el canto, la lectura de cuentos, el dibujo, la pintura y el descanso, como en cualquier ambiente preescolar.

Los resultados del estudio parecen indicar que los tratamientos cognitivo-conductuales disminuyen de forma eficaz la angustia de los cónyuges y los comportamientos infantiles sexualizados. Además, la mayoría de las madres que no habían incurrido en abuso (el 94 por ciento) indicaron que estaban muy satisfechas con el tratamiento. Otro resultado positivo fue que el tratamiento que se dispensaba a los cónyuges parecía mejorar su relación con los hijos. Estos resultados fueron obtenidos en la evaluación realizada tres meses después de acabar el tratamiento. A pesar de que se trata de un diseño experimental de un solo grupo y con evaluaciones en el pretratamiento y en el postratamiento, los datos son muy prometedores.

En un segundo estudio, Cohen y Mannarino (1998) evaluaron a 43 niños de preescolar que habían sufrido abuso sexual y a sus padres. Después, les asignaron aleatoriamente dos tratamientos diferentes. Se evaluó a los niños al finalizar el proceso y, otra vez, después de seis y doce meses, respectivamente. Se empleó un conjunto de criterios estandarizados para evaluar a los niños, a sus padres y los factores familiares. El estudio comparó la terapia cognitivo-conductual para niños de preescolar maltratados sexualmente (TCC-NPAS), descrita por Cohen y Mannarino (1993), con la terapia de apoyo no-directiva (TAN) (Brent, 1990). Ambas terapias trataban individualmente a los niños y a sus cuidadores más próximos.

La TCC-NPAS constaba de doce sesiones semanales en las que la madre era entrevistada durante una hora y el niño entre treinta y sesenta minutos, dependiendo de su capacidad de concentración. Unas veces el mismo terapeuta veía a los cónyuges y al niño, y otras eran dos terapeutas distintos. El programa tenía componentes cognitivos, conductuales, psicoeducacionales y de apoyo. Incluía también actividades lúdicas estructuradas en el tratamiento del niño.

El tratamiento de las madres incluía aspectos como los siguientes: la ambivalencia que en los progenitores se produce a la hora de creer, o no, que el abuso sexual ha tenido efectivamente lugar; la ambivalencia hacia el responsable del abuso sexual, y las atribuciones distorsionadas respecto del abuso y los temores por el posible daño causado al niño. A estas madres se les enseñaba también cómo apoyar emocionalmente al niño, y cómo manejar sus problemas comportamentales y afectivos, así como algunos aspectos legales relacionados con el problema.

El tratamiento de los niños incluía, a su vez, aspectos como los siguientes: enseñarles a prevenir futuros abusos; a distinguir entre contacto físico aceptable y no aceptable, y a eliminar atribuciones e interpretaciones incorrectas respecto del abuso. Asimismo, tendía a poner remedio a los problemas de comportamiento del niño, a sus sentimientos ambivalentes hacia el agresor, a su temor y ansiedad acerca del abuso y de los aspectos legales.

Este estudio ha permitido extraer numerosas conclusiones de gran importancia. La primera es que la terapia (TCC-NPAS) era más eficaz que la segunda (TAN), tanto al final del tratamiento como en las evaluaciones posteriores. También puso de manifiesto que el malestar emocional de la madre tiene una gran influencia sobre el resultado del tratamiento del niño tanto a corto como a largo plazo. Es importante indicar que las variables relacionadas con el abuso (tipo, duración, etc.), la demografía o los factores de desarrollo no tenían relación significativa en el resultado. En concreto, a más angustia y malestar emocional de los padres, más problemas psicológicos en los niños. Este hallazgo destaca la necesidad de tratar específicamente al progenitor que no ha abusado. Los niños que más probabilidades tenían de sacar buenos resultados eran los que recibían terapia cognitivo-conductual y tenían padres que los apoyaban (Cohen y Mannarino, 1998).

Sin embargo, la investigación con niños en edad preescolar está en una fase muy primitiva a la hora de contrastar la eficacia de los diferentes enfoques de tratamiento de los niños y sus cuidadores más directos. Los primeros resultados indican que un enfoque cognitivo-conductual estructurado parece muy prometedor y que el tratamiento debería incluir intervenciones específicas para el niño y el progenitor que no ha incurrido en abuso.

4. **Intervenciones con niños en edad escolar**

La bibliografía clínica ha descrito varios tipos de tratamiento con niños en edad escolar en los que se incluyen: la terapia basada en el arte (Sgori, 1982); la terapia basada en la poesía (Mazza, Magaz y Scaturro, 1987); la terapia de grupo (Reeker, Ensing y Elliot, 1997); la terapia de familia; la terapia de madre-hija (Sturkie, 1994) y la biblioterapia (Bonner y otros, 1992). Sin embargo, se han hecho pocas investigaciones que tiendan a establecer la efectividad de estos tratamientos.

Un reciente estudio sobre los resultados de diversos tratamientos, llevado a cabo por Cohen y Mannarino (1998), proporciona algunos datos sobre la eficacia de los tratamientos cognitivo-conductuales en los niños en edad escolar y sus progenitores no abusadores. El estudio asignó de forma aleatoria a 49 niños que habían sido víctimas de abuso sexual y a los padres que no habían abusado de ellos a dos grupos: a uno se le trató con la terapia cognitivo-conductual específica para el abuso sexual (TCC-EAS) y al otro con la terapia de ayuda no-directiva (TAN). Hubo doce sesiones. Los resultados obtenidos fueron similares a los de los estudios que utilizaban estas terapias con niños en edad de preescolar: el grupo de TCC-EAS mostró una mejoría en las variables medidas, incluyendo entre ellas los comportamientos sexuales inapropiados.

5. Intervenciones en adolescentes

Acerca de los tratamientos dirigidos a adolescentes víctimas de abuso sexual, todavía tenemos menos información. Hasta la fecha, no se han publicado estudios empíricos que corroboren la eficacia del tratamiento. No obstante, se han sugerido actividades, como redactar genogramas, hacer estructuras familiares y grabaciones en vídeo (Sirles, Walsma, Lytle-Barnaby y Lander, 1998). Hace poco se publicó un trabajo muy extenso sobre los tratamientos de los adolescentes y sus características (Chaffin, Bonner, Worley y Lawson, 1996). A pesar de que un buen número de adolescentes sufren abuso sexual y de que sus síntomas pueden ser más graves que los propios de los niños pequeños, hasta la fecha no se ha llevado a cabo ninguna investigación de los resultados terapéuticos alcanzados con adolescentes.

6. La prevención del abuso sexual infantil

Desde que los profesionales y el público en general se han dado cuenta de lo frecuente y dañino que es el abuso sexual, se estudia más este tipo de maltrato. Generalmente, los programas de prevención adoptan tres formas:

1.ª Programas de prevención primaria de tipo educativo e informativo, dirigidos a informar al público en general para prevenir el abuso, ya que presuponen que todos los individuos corren algún riesgo de verse implicados en el problema. El éxito es difícil de comprobar, pero si lo tuviera, la prevención podría ser muy rentable.

2.ª Programas de prevención secundaria que tienen como objetivo poblaciones específicas calificadas como grupos de riesgo, permitiendo así la intervención antes de que ocurra el problema. El éxito de estos programas puede medirse y, si lo tuvieran, serían rentables.

3.ª Programas de prevención terciaria que proporcionan tratamiento o intervención a los individuos afectados por el problema con el fin de evitar que vuelvan a incurrir en el mismo. El éxito puede ser medido, pero la prevención a este nivel es muy costosa, tanto psicológica como económicamente.

Los programas de prevención primaria deberían dirigirse a dos grupos:

a) todos los adultos y adolescentes deberían tener información sobre el abuso sexual infantil y tener conciencia de su ilegalidad, así como del daño que puede causar a las víctimas y las consecuencias de tipo legal que recaen sobre el culpable;

b) todos los niños y adolescentes deberían tener información sobre qué hacer para evitar el abuso sexual y cómo actuar si les ocurre a ellos o a otros niños.

Es significativo que los esfuerzos de prevención del abuso sexual infantil se hayan dirigido sólo a uno de estos dos grupos, al contrario de lo que sucede con la prevención del maltrato físico (Olson y Wisom, 1993). Como es lógico, la prevención primaria del maltrato físico y el abandono ha tenido como objetivo a los padres que pudieran maltratar físicamente o abandonar a sus hijos y no a las potenciales víctimas infantiles. Siguiendo la recomendación que la Administración Pública hace a los padres: «Tómese un respiro y que no lo paguen sus hijos», cuando éstos están estresados o enfadados, es evidente que el objetivo de la prevención del maltrato físico son los potenciales agresores (los adultos) y no las potenciales víctimas (los niños y adolescentes).

Sin embargo, el objetivo de los programas de prevención primaria en el caso del abuso sexual infantil son las potenciales víctimas, normalmente niños de doce años o menos. La capacidad de estos niños para resistirse al abuso sexual, aunque hayan sido educados de forma adecuada, es muy cuestionable, y este hecho pone en tela de juicio este tipo de prevención.

A pesar de que la prevención primaria del abuso sexual infantil pueda ser poco eficaz, se han desarrollado e implantado numerosos programas para informar a los niños. Un estudio realizado a nivel nacional en Estados Unidos estimó que aproximadamente un 66 por ciento de los niños han participado en algún momento de su vida en un programa de prevención promovido por su escuela (Finkelhor y Dziuba-Leatherman, 1995). La mayoría de los programas que se dedican a enseñar a los niños cómo evitar el abuso sexual incluyen aspectos como los siguientes: el concepto de abuso sexual; el conocimiento de que entre los abusadores potenciales suelen encontrarse personas cercanas; el derecho de los niños a controlar el acceso a su cuerpo, y algunas descripciones de los tipos de contacto físico. Los niños también aprenden qué medidas pueden tomar ante situaciones potencialmente peligrosas, tales como decir «no», irse o salir corriendo, contar a alguien lo sucedido, e insistir hasta que se haga algo para protegerle. Aunque la mayoría de los programas hacen hincapié en la importancia de involucrar a los padres, esta participación se da en muy pocos (Reppucci, Jones y Cook, 1994).

Cada vez se estudia más la efectividad de los programas de prevención primaria. Un metaanálisis reciente ha puesto de manifiesto la eficacia a corto plazo de estos programas a la hora de enseñar a los niños el concepto de abuso sexual y las técnicas de autoprotección (Rispens y otros, 1997). Las técnicas y los conocimientos estaban presentes en las evaluaciones posteriores, pero no se ha contrastado si, efectivamente, el aprendizaje de conceptos y de técnicas de autoprotección ayuda a los niños a evitar el abuso sexual.

Un dato inquietante que aparece en los estudios que se han hecho tras los programas de prevención es que los niños que han participado en algunos de ellos resultan más dañados si después sufren abuso (Finkelhor, Asdigian y Dziuba-Leatherman, 1995). Los autores atribuyen este alarmante resultado a la mayor tendencia a resistirse durante el abuso sexual. En general, los posibles efectos negativos de los programas de prevención no se han evaluado sistemáticamente (Reppucci, Land y Haugaard, 1998).

Los programas de prevención secundaria deberían concentrarse en grupos específicos que corren el riesgo de cometer actos sexuales inapropiados o ilegales con niños. La bibliografía actual sobre el abuso sexual infantil indica que hay varios sectores de la población en los que la frecuencia de comportamientos sexuales ilegales con niños es más alta, lo que los convierte en grupos de riesgo. En esos grupos están incluidos los varones en general y los adolescentes varones (U.S. Department of Justice, 1990); y también, aunque no en la medida en que la gente lo cree, las víctimas previas que han sufrido abandono, maltrato físico o abuso sexual infantil (Romano y De Luca, 1997; Widom, 1995). Hasta la fecha no se han publicado estudios sobre programas dirigidos a aquellos sectores de los que se sabe que corren riesgo de abusar de los niños.

Sin embargo, sabemos que hay un grupo de niños que corren un especial riesgo de ser maltratados: los niños con discapacidades. Un estudio americano de 1993 indica que la frecuencia de maltrato en los niños con discapacidades es 1,7 veces superior a la de los otros niños (National Center on Child Abuse and Neglect, 1993). Otras investigaciones más recientes indican que en Estados Unidos las agencias estatales de protección de menores no registran sistemáticamente los datos de los niños con discapacidades cuando han sufrido abuso (Bonner, Thigpen y Hensley, 1997). Dado que los estudios recientes sugieren que estos niños corren mayores riesgos, deberíamos dedicar más esfuerzo a programas de prevención destinados a ellos, a sus padres y a otros adultos que cuidan de ellos.

Los programas de prevención terciaria tratan a individuos afectados, con el fin de evitar la repetición del abuso sexual, es decir, tratan a los agresores sexuales para evitar que reincidan y a las víctimas para paliar los efectos del abuso. Aunque sigue habiendo serias dudas acerca de la efectividad del tratamiento dirigido a los agresores sexuales en general, el tratamiento de ciertos subgrupos de agresores sexuales, como los intrafamiliares (Chaffin, 1994), se considera muy eficaz. Además, según los informes, la tasa de reincidencia conocida para los agresores sexuales adolescentes está aproximadamente en un 10 por ciento (Weincott, 1997). Estas cifras sugieren que el tratamiento puede tener un efecto positivo a la hora de reducir el maltrato futuro de niños.

El continuo aumento del número de casos de abuso sexual infantil y la dudosa práctica de dirigir los programas de prevención sólo hacia los niños suponen un serio problema para los especialistas en el tema. Al respecto, se han hecho varias sugerencias para reorientar los futuros esfuerzos en la prevención (Reppucci y otros, Wolfe, Reppucci y Hart, 1995). Entre ellas cabría destacar las siguientes:

1. Se tendrían que llevar a cabo estudios longitudinales metodológicamente correctos para comprender cómo los niños evitan y/o denuncian el maltrato. También se deberían evaluar los factores de riesgo relacionados con el niño, los padres, la familia, la sociedad y la tolerancia hacia el abuso sexual para determinar las variables críticas que permitan su prevención.
2. Los programas de prevención deberían ir más allá de las víctimas infantiles y dirigirse a los padres, a otros adultos a quienes los niños pudieran hacer confidencias y a aquellos grupos que corren más riesgo de abusar como, por ejemplo, los varones.
3. Se deberían implantar programas de concienciación social que alertasen a los padres acerca de la existencia de situaciones de abuso potencial, como es el caso del cuidado de los niños por terceras personas (canguros, niñeras, etc.), para que vigilen más a los niños. También se sugiere que familias que estén bajo estrés o en situaciones difíciles reciban ayuda a través de programas de apoyo familiar (Melton, 1992).
4. Los profesionales deben prestar más atención a las causas sociales, culturales e individuales del abuso sexual infantil, especialmente en el caso de la socialización masculina. Las investigaciones muestran que tienen poco éxito los esfuerzos de prevención que intentan alterar el comportamiento individual (Melton, 1992) y, por eso, éstos se han de dirigir hacia el cambio del entorno (Holman y Stokols, 1994).

7. Conclusión

Los profesionales y la sociedad en general reconocen cada vez más el problema del abuso sexual infantil. Los efectos dañinos a corto plazo, tanto para los niños como para los adultos, han sido documentados claramente en la bibliografía de investigación. Las preguntas ya no son: ¿hay abuso sexual infantil?, o ¿es dañino el abuso sexual infantil?, porque ya han sido contestadas con un sí rotundo.

Los profesionales han logrado avances importantes en el tratamiento de algunas categorías de agresores sexuales (por ejemplo, los intrafamiliares) para reducir el riesgo de que se produzcan reincidencias. Además, las investigaciones recientes han demostrado la efectividad de los tratamientos cognitivo-conductuales para las madres no abusadoras y las víctimas infantiles. Éstos son pasos importantes en la prevención terciaria del abuso sexual futuro.

Sin embargo, se ha avanzado muy poco en la prevención primaria y secundaria del abuso sexual infantil. Los programas de prevención primaria se han centrado casi exclusivamente en la educación de las víctimas potenciales en vez de en los potenciales abusadores, en fuerte contraste con otros programas destinados a la prevención primaria del maltrato. Además, los programas de prevención secundaria dirigidos a poblaciones específicas de alto riesgo, como los varones adultos y adolescentes, son prácticamente inexistentes, tal y como ocurría en la fase inicial de prevención de la violación, cuando a las mujeres se les enseñaban métodos de autoprotección y a los hombres se les ignoraba. Sólo recientemente ha aumentado la educación para los hombres en materia de prevención de violaciones.

Puesto que el tratamiento y la prevención del abuso sexual infantil es un campo de la práctica clínica y de investigación en desarrollo, todavía queda mucho por hacer. Sin embargo, considero que varias sugerencias podrían ser beneficiosas para ejercer una mayor y más eficaz protección de los niños, como, por ejemplo:

1. Informar más a los profesionales, a los padres y a la sociedad en general sobre el abuso sexual infantil como problema social.

2. Realizar estudios de investigación bien diseñados que comprueben la eficacia de las intervenciones terapéuticas en los agresores, los padres no abusadores y las víctimas infantiles y adolescentes.

3. Prestar más atención hacia programas preventivos dirigidos a los potenciales agresores.

Referencias bibliográficas

Bonner, B. L.; Kaufman, K. L.; Harbeck, C. y Brassard, M. R. (1992): «Child maltreatment», en C. E. Walker y M. C. Roberts (eds.), *Handbook of Clinical Child Psychology*, Nueva York, John Wiley & Sons, pp. 967-1008.
Bonner, B. L.; Thigpen, S. M. y Hensley, L. D. (1997): «State efforts to identify maltreated children with disabilities: A follow-up study», *Child Maltreatment*, 2 (1), pp. 52-60.
Brent, D. A. (1990): *Depressed adolescent suicide attempters: A clinical trial*. (Funded research proposal and supportive relationship treatment manual [«NST» nondirective therapy]), MH 46500, Washington D.C., National Institute of Mental Health.
Chaffin, M. (1994): «Research in action: Treatment of child sexual abusers», *Journal of Interpersonal Violence*, 9, pp. 224-237.
Chaffin, M.; Bonner, B. L.; Worley, K. B. y Lawson, L. (1996): «Treating abused adolescents», en J. Briere; C. Jenny; T. Reid; J. A. Bulkey y L. Berliner (eds.), *APSAC Handbook on Child Maltreatment*, Thousand Oaks, CA, Sage, pp. 119-139.
Cohen, J. A. y Mannarino, A. P. (1993): «A treatment model for sexually abused preschoolers», *Journal of Interpersonal Violence*, 8, pp. 115-131.
— (1996): «Family-related variables and psychological symptom formation in sexually abused girls», *Journal of Interpersonal Violence*, 11, pp. 162-180.
— (1998a): «Factors that mediate treatment outcome of sexually abused preschool children: Six and 12- month follow-up», *Journal of Academy of Child Adolescent Psychiatry*, 37 (1), pp. 44-51.
— (1998b): «Intervention for sexually abused children: Initial treatment outcome findings», *Child Maltreatment*, 3, pp. 17-26.
Consentino, C. E., y Collins, M. (1996): «Sexual abuse of children: Prevalence, effects, and treatments», *Annals of the New York Academy of Sciences*, 789, pp. 45-65.
Conte, J. y Schuerman, J. (1987): «Factors associated with an increased impact of child sexual abuse», *Child Abuse & Neglect*, 11, pp. 201-211.
Damon, L. y Waterman, J. (1986): «Parallel group treatment of children and their mothers», en K. MacFarlane y J. Waterman (eds.), *Sexual abuse of young children*, Nueva York, Guilford, pp. 244-298.
Finkelhor, D. (1994): «The international epidemiology of child sexual abuse», *Child Abuse & Neglect*, 18 (5), pp. 409-417.
Finkelhor, D.; Asdigian, N. y Dzuiba-Leatherman, J. (1995): «The effectiveness of children's responses to actual threats and assaults», *The APSAC Advisory*, 2, p. 26.

Finkelhor, D. y Berliner, L. (1995): «Research on the treatment of sexually abused children: A review and recommendations», *American Academy of Child & Adolescent Psychiatry*, 34 (11), pp. 1408-1423.
Finkelhor, D. y Dziuba-Leatherman, J. (1995): «Victimization prevention programs: A national survey of children's exposure and reactions», *Child Abuse & Neglect*, 19 (2), pp. 129-140.
Friedrich, W. (1997): *Child Sexual Behavior Inventory: Professional manual*, Odessa, FL, Psychological Assessment Resources, Inc.
Hazzard, A.; Celano, M.; Gould, J.; Lawry, S. y Webb, C. (1995): «Predicting symptomatology and self-blame among child sexual abuse victims», *Child Abuse and Neglect* 19 (6), pp. 707-714.
Holman, E. A. y Stokols, D. (1994): «The environmental psychology of child sexual abuse», *Journal of Environmental Psychology*, 14, pp. 237-252.
Jumper, S. A. (1995): «A meta-analysis of the relationship of child sexual abuse to adult psychological adjustment», *Child Abuse & Neglect*, 19 (6), pp. 715-728.
Kendall-Tackett, K. A.; Williams, L. M. y Finkelhor, D. (1993): «Impact of sexual abuse on children: A review and synthesis of recent empirical studies», *Psychological Bulletin*, 113 (1), pp. 164-180.
Krugman, R. D. y Jones, D. P. H. (1987): «Incest and other forms of sexual abuse», en R. E. Helfer y R. S. Kempe (eds.), *The battered child*, Chicago, University of Chicago Press, pp. 286-300.
Long, S. (1986): «Guidelines for treating young children», en K. MacFarlane y J. Waterman (eds.), *Sexual abuse of young children*, Nueva York, Guilford, pp. 220-243.
Mazza, N.; Magaz, C. y Scaturo, J. (1987): «Poetry therapy with abused children», *The Arts in Psychotherapy*, 14, pp. 85-92.
Melton, G. (1992): «The improbability of prevention of sexual abuse», en D. J. Willis, E. Holden, y M. Rosenberg (eds.), *Prevention of child maltreatment: Developmental and ecological perspectives*, Nueva York, Wiley, pp. 168-189.
Mian, M.; Marton, P. y LeBaron, D. (1996): «The effects of sexual abuse on 3- to 5-year old girls», *Child Abuse and Neglect*, 20, pp. 731-745.
National Center on Child Abuse and Neglect (1993): *A report on the maltreatment of children with disabilities*, Washington D.C., U.S. Department of Health and Human Services.
Olsen, J. L. y Widom, C. S. (1993): «Prevention of child abuse and neglect», *Applied and Preventive Psychology*, 2, pp. 217-229.
Putnam, F. W. y Trickett, P. K. (1997): «Psychobiological effects of sexual abuse: A longitudinal study», *Annals of the New York Academy of Sciences*, 821, pp. 150-159.

Reeker, J.; Ensing, D. y Elliot, R. (1997): «A meta-analytic investigation of group treatment outcomes for sexually abused children», *Child Abuse & Neglect*, 21 (7), pp. 669-680.
Reppucci, N. D.; Jones, L. M. y Cook, S. L. (1994): «Involving parents in child sexual Abuse prevention programs», *Journal of Child and Family Studies*, 3, pp. 137-142.
Reppucci, N. D.; Land, D. y Haugaard, J. J. (1998): «Child sexual abuse prevention programs that target young children», en P. K. Trickett y C. J. Schellenbach (eds.), *Violence against children in the family and in the community*, Washington D.C., American Psychological Association, pp. 317-338.
Rispens, J.; Aleman, A. y Goudena, P. P. (1997): «Prevention of child sexual abuse victimization: A meta-analysis of school programs», *Child Abuse & Neglect*, 21, pp. 975-987.
Romano, E. y DeLuca, R. V. (1997): «Exploring the relationship between childhood sexual abuse and adult sexual perpetration», *Journal of Family Violence*, 12 (1), pp. 85-98.
Ruma, C. (1993): «Cognitive behavioral play therapy with sexually abused children», en S. Kanell (ed.), *Cognitive behavior play therapy*, North Vale, NJ, Jason Aaronson, pp. 197-230.
Sgori, S. M. (1982): *Handbook of clinical intervention in child sexual abuse*, Lexington, MA, Lexington Books.
Sirles, E. A.; Walsma, J.; Lytle-Barnaby, R. y Lander, L. C. (1988): «Group therapy techniques for work with child sexual abuse victims», en G. S. Getzel (ed.), *Violence: Prevention and treatment in groups*, Nueva York, Haworth Press, pp. 67-78.
Spaccarelli, S. y Kim, S. (1995): «Resilience criteria and factors associated with resilience in sexually abused girls», *Child Abuse and Neglect*, 19 (9), pp. 1171-1182.
Stauffer, L. B. y Deblinger, E. (1996): «Cognitive behavioral groups for nonoffending mothers and their young sexually abused children: A preliminary treatment outcome study», *Child Maltreatment*, 1 (1), pp. 65-76.
Sturkie, K. (1994): «Group treatment for sexually abused children: Clinical wisdom and empirical findings», *Child & Adolescent Psychiatric Clinics of North America*, 3 (4), pp. 813-829.
U.S. Department of Health & Human Services (1996): *Third national incidence study of child abuse and neglect*, Washington D.C., U.S. Government Printing Office.
— (1998): *Child maltreatment 1996: Reports from the States of the National Child Abuse and Neglect Data System*, Washington D.C., U.S. Government Printing Office.
U.S. Department of Justice (1990): *Uniform crime report*, Washington D.C., U.S. Government Printing Office.

Weinrott, M. (1996): *Juvenile sexual aggression: An initial review*, Boulder, CO, Center for the Study and Prevention of Violence.

Wells, R.; McCann, J.; Adams, J.; Voris, J. y Ensign, J. (1995): «Emotional, behavioral, and physical symptoms reported by parents of sexually abused, nonabused, and allegedly abused prepubescent females», *Child Abuse & Neglect*, 19 (2), pp. 155-163.

Widom, C. S. (1995): «Victims of childhood sexual abuse - Later criminal consequences», *National Institute of Justice Research in Brief*, Washington D.C., US Department of Justice.

Wolfe, D. A.; Reppucci, N. D. y Hart, S. (1995): «Child abuse prevention: Knowledge and priorities», *Journal of Clinical Child Psychology*, 24, pp. 5-22.

Wolfe, V. V. y Wolfe, D. A. (1988): «The sexually abused child», en E. J. Mash y L. G. Terdal (eds.), *Behavioral assessment of childhood disorders*, Nueva York, Guilford Press, pp. 670-714.

Tercera parte

VICTIMOLOGÍA INFANTIL

por David Finkelhor*

---

* David Finkelhor es codirector del Family Research Laboratory y profesor de Sociología de la Universidad de New Hampshire. En los últimos veinte años se ha dedicado al estudio de los problemas de la victimización, el maltrato infantil y la violencia familiar. Fruto de sus estudios ha sido el establecimiento de un nuevo campo de estudio que pretende unificar todas las formas de victimización infantil, que él mismo acuñó con el término «Victimología Evolutiva». Es editor y autor de 10 libros y más de 75 artículos, destacando entre ellos el *Sourcebook on Child Sexual Abuse* (1986) y *Nursey Crimes* (1988). La Sociedad Americana de Expertos en Abuso Infantil le otorgó el Distinguished Child Abuse Professional Award, y el Centro Reina Sofía para el Estudio de la Violencia le concedió el premio Cátedra Santiago Grisolía 1988 por sus trabajos sobre violencia familiar, maltrato infantil y abuso sexual. E-mail: David.Finkelhor@unh.edu

TERCERA PARTE

VICTIMOLOGÍA INFANTIL

por DAVID FINKELHOR

Capítulo 7

FACTORES DE RIESGO*

por David Finkelhor

---

* Versión española de Teresa Farnós.

CAPÍTULO 7

FACTORES DE RIESGO

POR DAVID FINKELHOR

1. Introducción

Los adultos sólo vemos de manera muy imperfecta la realidad de la infancia. Unas veces lo hacemos a través de los lentes rosados de la idealización; otras, a través de la ventana mugrienta de la recriminación; otras, bajo el foco potente del resentimiento o a través de la neblina de la nostalgia hacia nuestro propio pasado y, finalmente, algunas veces lo hacemos a través de la mirilla del propio interés. Con todo, muy a menudo la pantalla está oscura y no vemos nada. Hay aspectos de la infancia ante los que estamos, por lo general, ciegos.

Por ejemplo, el abuso sexual a niños (algo que, a partir de las experiencias e investigaciones clínicas hechas en un gran número de países, sabemos hoy que sucede frecuentemente [Finkelhor, 1994]) nos ha enseñado algunas cosas acerca de nuestra ceguera. Generación tras generación, a muchos niños les ha estado ocurriendo algo importante, doloroso y perturbador. Sin embargo, los adultos —incluso aquellos tenidos por expertos en este campo— no han sido conscientes de este hecho. Esta lección de humildad nos ha enseñado que puede haber muchas otras cosas de la infancia cuyo valor no comprendemos plenamente.

Una de esas cosas son los distintos tipos de victimización, violencia y maltrato que los niños padecen, las formas que pueden adoptar, su impacto y su realidad subjetiva.

Ciertamente, uno de los grandes avances sociales de nuestra generación ha sido la acumulación de conocimiento científico y la aparición de una consciencia pública acerca del maltrato físico y, posteriormente, del abuso sexual. Este hecho nos ha descubierto algunas zonas del mundo infantil ante las que estábamos ciegos. Pero hay otras zonas que creo todavía no alcanzamos a ver.

Daré a continuación algunos ejemplos de dónde pueden estar esas zonas oscuras.

2. Los niños como víctimas de crímenes

Una de estas zonas está relacionada con la manera como nosotros abordamos la problemática del crimen y su conexión con la infancia. En Estados Unidos están preocupados por el crimen. Su tasa de victimización criminal es por lo menos dos o tres veces superior a la de Europa y más alta que la de España (Van Dijk, Mayhew y Killias, 1991). Pero incluso en Europa, como en la mayoría de los países, la tasa de crímenes ha aumentado en la última generación y se ha convertido en una gran preocupación social. Pese a ello, hay un rasgo de esta ola de crímenes y de violencia que debería figurar entre las cinco cosas más importantes que todo el mundo tendría que conocer y que, sin embargo, se ignora, a saber: los niños y los jóvenes son muchísimo más vulnerables al crimen y la violencia que los adultos. Este hecho no forma parte de la imagen que tenemos del crimen.

Parte del problema surge del hecho de que las buenas estadísticas existentes sobre la victimización no contemplan a niños en sus muestras. Por ejemplo, el *Estudio internacional del crimen*, en el que se les pregunta a individuos de diversos países (incluyendo muchos países europeos) acerca de las victimizaciones que han sufrido, no contempla a los niños menores de dieciséis años (Van Dijk, Mayhew y Killias, 1991). La pregunta que surge de inmediato en este contexto es por qué no se entrevista de forma sistemática a los niños o a sus tutores. En Estados Unidos, ciertamente, el *Estudio nacional de víctimas del crimen* recoge datos de niños entre los doce y los diecisiete años. Esto está mejor, pero no es suficiente. Nuestros datos muestran claramente que los jóvenes entre los doce y los diecisiete años tienen una probabilidad, por lo menos, dos o tres veces mayor que los adultos de padecer un robo, un asalto o una violación (U.S. Department of Justice: Office of Justice Programs, 1996). Sólo en el caso de víctimas de homicidio no hay diferencias significativas.

La diferencia a favor de las violaciones, robos y asaltos contra los jóvenes es de tal magnitud que (incluso aceptando la condición absurda de que ningún niño por debajo de los doce años sea víctima de agresión alguna) la tasa para el conjunto de los niños y jóvenes —incluyendo los menores de doce años— es todavía sustancialmente mayor que la de adultos. Pero algunos estudios hechos sobre niños en edad escolar muestran que incluso los niños menores de doce años padecen una notable cantidad de violencia que no ha sido cuantificada.

No creo que sea algo exclusivo de Estados Unidos el hecho de que los niños tengan un riesgo mayor de ser objeto de una victimización criminal. Creo que sucede lo mismo en la mayoría de los países por una serie de causas que abordaré brevemente a continuación.

He dicho que los niños padecen una cantidad desproporcionada de crímenes convencionales; debería añadir ahora que los sufren principalmente en el seno de la familia, porque, por supuesto, los niños son víctimas desproporcionadas de la violencia familiar, ya que sufren acosos y violaciones por parte de otros miembros de la familia. Y este tipo de violencia es el más difícil de detectar en las encuestas o estudios que se realizan sobre el crimen. Los estudios especiales sobre la violencia familiar (como el *Estudio nacional de padres*) sugieren que los niños padecen cinco veces más la violencia familiar y tres veces más la violencia familiar extrema que los adultos (Straus, Galles y Steinmetz, 1980). Este hecho nos lleva a una nueva zona oscura: ¿qué consideramos que es un crimen?

3. **No se presta atención suficiente a la violencia contra niños**

Hay muchas formas de violencia que, simplemente, excluimos de nuestra noción de crimen porque afectan a los niños, por ejemplo, las agresiones entre hermanos o entre *iguales*. No solemos considerar estas agresiones como crímenes, ni siquiera creemos que sean demasiado traumáticas. El *National Family Violence Survey* estimó que, anualmente, la mitad de todos los niños en Estados Unidos padecían serias agresiones a manos de sus hermanos (Straus, Gelles y Steinmetz, 1980). En un estudio nacional que yo mismo realicé con una muestra de 2.000 niños entre los diez y los dieciséis años hallamos que uno de cada cinco niños habían sido agredidos por un *igual* (Finkelhor y Dziuba-Leatherman, 1994). Buena parte de estas agresiones se pasan por alto al considerarlas cosas de hermanos o de niños.

Al actuar así podríamos dejar de lado otros elementos. Consideremos el siguiente *experimento mental*. Usted está de pie en la cafetería de su universidad; dos profesores entran corriendo y lo tiran al suelo, lo insultan, lo patean y se van. Con seguridad este episodio ocasionará un gran escándalo: habría una actuación administrativa al más alto nivel, muy probablemente se iniciaría una investigación policial, los periódicos cubrirían el suceso, quizá se plantearía alguna querella, se revisaría la política de empleo... Pasarían muchos años antes de que este suceso se olvidara. Desconozco la situación de la violencia entre *iguales* en España, pero sé que tiene lugar todos los días en las escuelas a lo largo y ancho de Estados Unidos. Unas veces, sin reacción alguna; otras, con la intervención de los adultos, que actúan para interrumpir la pelea y, quizás, dar una reprimenda a los agresores. Sin embargo, no hay motivo alguno para pensar que las víctimas infantiles de estas agresiones padecen menos humillaciones, heridas, violaciones o traumas psicológicos que los adultos. Por el contrario, hay motivos para pensar que pueden verse más afectados. Sin embargo, se considera que sólo los adultos pueden ser víctimas de una agresión, un crimen o un ataque monstruoso, mientras que lo que les sucede a los niños se tiene siempre por algo menos grave. ¿Por qué?

Hay otra forma de violencia contra niños que ha sido prácticamente ignorada. En nuestro estudio nacional, con una muestra de 2.000 jóvenes, encontramos (al preguntarlo por vez primera) que casi uno de cada diez niños entre los diez y los dieciséis años habían sufrido una agresión física no sexual dirigida contra sus genitales. En la mayoría de los casos, las agresiones consistían en puñetazos y patadas intencionados y, en unos pocos, en golpes que propinaban otros niños utilizando para ello objetos (Finkelhor y Wolak, 1995). Casi una cuarta parte de los agredidos padecían algún tipo de daño físico: heridas sangrantes, contusiones o dolores que duraban hasta el día siguiente. Y nuestro análisis puso de manifiesto la existencia de niveles altos de síntomas de estrés postraumático y depresión en el grupo de víctimas. Pese a todo, estamos en presencia de una forma de violencia sobre la que no había referencia alguna en la bibliografía médica, criminológica o psicológico-evolutiva. La gente sabe que esto sucede; los adultos con los que yo hablo recuerdan que esto les sucedía de niños. En nuestro tiempo, se trata además de algo común en las películas infantiles, en las que la patada en los genitales suele usarse para incitar la risa o para legitimar que las víctimas desfavorecidas puedan devolvérsela a sus agresores. Por suerte, ahora hay también bibliografía, consciencia y preocupación profesional acerca de este tipo de agresiones. Una vez más, esta forma de violencia no había sido tenida en cuenta porque se daba, principalmente, entre niños.

Hemos de hablar, asimismo, de otra forma de violencia: el castigo físico. Los cuidadores suelen pegar a los niños para castigar su mal comportamiento. Lo han hecho así durante años. En Estados Unidos, entre el 80 y el 90 por ciento de los padres han castigado físicamente a sus hijos en algún momento de sus vidas (Straus, 1994). Aunque la severidad de este tipo de castigo ha disminuido (por ejemplo, hoy en día es menos común dar azotes a los niños), todavía constituye una práctica corriente, usada y apreciadísima por mucha gente; pegar a los niños especialmente en el trasero, en las manos o en las piernas. Esta forma de violencia pasa muy desapercibida. Así, por ejemplo, cuando le preguntamos a un padre que acaba de darle unos azotes en las nalgas a su hijo si ha empleado violencia contra él, por supuesto nos dirá que no. Pero es obvio que sería claramente considerado como un acto violento una acción similar dirigida contra un adulto: por ejemplo, el hecho de que su jefe le propinara unos azotes en el trasero por haber roto el fax de la empresa. Podemos discutir si el castigo físico sirve, o no, para erradicar malos comportamientos y si tiene, o no, secuelas negativas. Ahora bien, lo que es innegable es que no es considerado como violencia, aunque claramente lo sea, porque humilla y le recuerda a la víctima su vulnerabilidad física frente a terceros que son mayores o más fuertes. He aquí otra forma de violencia difícil de percibir o de tildar como tal porque concierne a los niños.

4. Una tipología de la victimización infantil

Una vez que hemos recogido estadísticas sobre las diversas formas de violencia y victimización que padecen los niños, estamos en situación de concretarlas conceptualmente. A este fin aduciré una tipología tripartita simple.

En primer lugar, están las denominadas «victimizaciones extraordinarias», que les suceden a un número muy reducido de niños, pero que atraen mucho la atención —y siempre ha sido así—. Estas victimizaciones incluyen los homicidios, secuestros y violaciones a manos de extraños.

En segundo lugar se halla lo que denomino «victimizaciones agudas». Son más frecuentes; les pasan a una minoría considerable de niños y cada vez se les presta más atención. Entre ellas figuran el maltrato físico, el abandono o negligencia, el secuestro familiar y el abuso sexual.

Finalmente, están las «victimizaciones pandémicas» que, probablemente, les ocurren a la mayoría de niños en el curso de su desarrollo. Incluyen la agresión a manos de *iguales* y de hermanos, el castigo físico, el hurto y el vandalismo.

Los políticos y los medios de comunicación han prestado atención, sobre todo, a las victimizaciones extraordinarias. Recientemente, los profesionales han comenzado a evaluar el alcance y gravedad de victimizaciones agudas, como el maltrato físico y el abuso sexual. Pero como profesionales preocupados por el maltrato infantil y sus efectos deberían, asimismo, ocuparse de las victimizaciones pandémicas, ya que son muy comunes y el riesgo de padecerlas se extiende a toda la infancia, lo que significa que pueden tener unos efectos muy amplios y profundos en los niños. Sin embargo, éstos son temas a los que se ha prestado relativamente poca atención.

5. Razones por las que está tan extendida la victimización infantil

Ahora bien, ¿por qué están tan extendidas la victimización y la violencia contra los niños? ¿Por qué los niños son víctimas más propiciatorias que los adultos?

Me gustaría subrayar tres razones. Dos parecen evidentes; la otra, no tanto. Ante todo, los niños son pequeños, débiles e inexpertos y dependen de otros para sobrevivir. Todo ello los pone en situación de gran riesgo. Lo están porque son un blanco fácil, ya que no pueden tomarse la revancha o evitar la victimización de forma tan efectiva como lo hacen quienes tienen mayor fuerza, poder y experiencia. Por ejemplo, los padres pegan mucho menos a sus hijos cuando éstos alcanzan una edad que les permite escaparse de casa o una estatura que les permite devolver la bofetada. Y no es, pues, porque con la edad se vuelvan menos desobedientes o antagonistas. Los niños son pequeños, débiles y, por lo tanto, vulnerables.

Una segunda razón de por qué los niños son con tan frecuencia victimizados radica en el carácter ambivalente de la sociedad a la hora de protegerlos. La sociedad tiene un sistema institucional poderoso para proteger a la gente frente a la victimización. Me estoy refiriendo a las leyes, a la policía, a los fiscales y a los tribunales de justicia, que imponen fuertes sanciones a los crímenes de distintos tipos. Pero buena parte de la victimización infantil cae fuera del alcance de este sistema: el sistema de justicia no se ha ocupado de la mayoría de las formas de maltrato infantil, con la excepción reciente del abuso sexual, y el sistema ignora, asimismo, la mayoría de las formas de victimización en las que un niño es agredido por otro.

No quiero decir con esto que haya que involucrar más a la policía en la persecución de actuaciones negligentes contra los niños o que los tribunales de justicia deban implicarse más en el castigo de los *matones* escolares, sino que lo que realmente quiero afirmar es que la sociedad ha ignorado o tolerado en buena medida estas formas de victimización. Las normas sociales y sanciones que se imponen a acciones tales como actuar negligentemente o pegar a un niño no son tan fuertes como las que penalizan el robar dinero de una tienda o el pegarle al jefe. La tolerancia social de la victimización infantil permite explicar por qué ésta es tan común.

Pero hay otra razón menos obvia de por qué los niños corren tan gran riesgo de convertirse en víctimas, y dicha razón tiene que ver con las condiciones de la vida social y de la planificación de la vida de los niños. Creo que la mayoría de nosotros no comprendemos que los niños tienen relativamente menos posibilidades de escoger con quién se relacionan que cualquier otro segmento de la población, hecha excepción de los presos. Los niños no escogen a sus familias, ni a sus vecinos, ni sus escuelas. Todo ello los pone involuntariamente en contacto con delincuentes de alto riesgo y, por tanto, en grave peligro de ser victimizados. Por ejemplo, cuando los niños viven en familias que los maltratan no tienen la libertad ni la capacidad de marcharse. Cuando viven en vecindarios peligrosos no pueden escoger el lugar al que trasladarse. Si van a escuelas en las que hay muchos compañeros hostiles y delincuentes no pueden cambiar de centro educativo o marcharse sin más. Están paralizados. El hecho de que los niños no puedan escoger a la gente con la que se relacionan y el entorno en el que han de vivir es algo que los hace blancos fáciles a la victimización intrafamiliar y el crimen callejero (Lynch, 1991). Por el contrario, los adultos pueden separarse de familiares peligrosos o cambiar su residencia alejándose de un vecindario inseguro. Para los adultos es también fácil tener un coche, y vivir y trabajar solos. Los niños, por el contrario, se ven obligados a vivir con otros, a viajar colectivamente y a trabajar en entornos heterogéneos de alta densidad, como son las escuelas. Todo lo dicho permite explicar por qué los niños son más victimizables que los adultos.

6. Mitos acerca de las víctimas infantiles que inhiben la empatía con ellas

Así pues, los niños están en situación de riesgo porque son pequeños, son dependientes, no pueden escoger a las personas con las que se relacionan y, como ya he dicho, porque los adultos no se toman en serio las victimizaciones de que son objeto. Voy a dar algún detalle más a este respecto para ilustrar el hecho de que no es que los adultos ignoren estas victimizaciones o que no las consideren criminales, sino que no las ven como son: no empatizan con la situación porque hay una serie de mitos y verdades parciales que dificultan esta empatía.

7. Los niños quedan menos afectados

Uno de esos mitos es que la violencia afecta menos a los niños que a los adultos, ya que los niños tienen mayor capacidad de recuperación y olvidan más fácilmente. Como ya indiqué al hablar de mi *experimento mental*, si un adulto fuera golpeado por un compañero de oficina, nadie se sorprendería de que éste emprendiera, durante semanas o años, acciones legales. La reclamación formulada podría referirse a efectos psiquiátricos sobre el PTSD (trastorno de estrés postraumático), daños, sufrimiento y humillación. En cambio, si un niño o su familia emprendieran el camino legal por el hecho de haber sido golpeado por otro niño meses o años después del incidente se consideraría como algo desproporcionado.

Los niños no suelen mantener durante mucho tiempo sus quejas por haber sido agredidos; pero eso no significa, necesariamente, que estén menos afectados. Más bien, lo que puede suceder es que las expectativas normativas sean distintas. No hay evidencia alguna de que los niños sean menos sensibles que los adultos a los efectos de la violencia y de la victimización, ya que ciertas investigaciones recientes señalan que los niños adquieren incluso síntomas del tipo PTSD como reacción ante simples ataques de compañeros (Boney-McCoy y Finkelhor, 1995).

«¡Oh, pero lo superan!» Sí, claro está, pero también los adultos. De hecho, sería de esperar que, durante la infancia, la violencia tuviera un impacto incluso mayor. Los niños tienen mucho menos control sobre su entorno y la exposición a potenciales agresores. Por lo tanto, la victimización entre niños induce una cierta sensación de impotencia que les resulta muy difícil de superar. Es más, la inmadurez evolutiva del niño conlleva que la violencia pueda interrumpir y, de hecho, interrumpa tareas evolutivas cruciales que, una vez rotas, tienen ramificaciones en cascada. Parece que somos conscientes de este hecho cuando abordamos los efectos que el abuso sexual puede tener sobre el desarrollo sexual. Vemos, por ejemplo, que un contacto indeseado en la infancia puede hacer que peligre posteriormente el comportamiento sexual del niño. Pero cuando se entra en el dominio de los *matones* escolares o de la agresión física, ya no somos tan sensibles en lo que concierne a los efectos a largo plazo que pueda conllevar un maltrato físico, aunque, ciertamente, éste puede influir negativamente sobre el establecimiento de relaciones sociales normales.

Este síntoma aparece frecuentemente en la bibliografía científica. Una cuestión clave que los investigadores solemos plantearnos acerca del abuso sexual es, por ejemplo, si tendrá efectos negativos en la niña cuando se haga mayor, cuando sea adolescente o adulta. Es positivo preocuparse de estas cuestiones. Esa preocupación refleja la existencia de una conciencia evolutiva. Lo lamentable es que eso mismo no parece ocurrir en el caso del sufrimiento corriente, como si una victimización que sólo tuviera efectos pasajeros o a corto plazo no importara gran cosa. «De acuerdo, el tiempo lo cura todo.» Obsérvese que en la bibliografía sobre adultos no se reduce la importancia de hechos parecidos. Aunque se descubriera, por ejemplo, que los efectos más graves de una violación en la fase adulta desaparecen en el transcurso de los 12 o 18 meses posteriores, no se le restaría importancia a una violación simplemente porque sus efectos no perdurasen hasta la madurez o la vejez. Sin embargo, el descubrimiento de que la mayoría de los efectos del abuso sexual infantil u otros tipos de victimizaciones podrían desaparecer en el transcurso de los 12 meses posteriores podría hacer pensar rápidamente que, después de todo, este problema no es tan serio. «El tiempo lo cura todo.» Esta minusvaloración es muy injusta. El sufrimiento infantil debería reconocerse como algo digno de solución, en y por sí mismo, y no simplemente por el hecho de que dé lugar a la aparición de efectos negativos posteriores.

8. Hacer frente a la violencia es algo que forma el carácter

Hay otro mito que impide que los adultos traten a las víctimas infantiles del mismo modo que a las adultas; la idea de que las victimizaciones y las confrontaciones violentas contribuyen a formar el carácter del niño. «Has de aprender a enfrentarte a los *chuletas*. Has de aprender a defenderte tú solo.» Cuando estas experiencias se tienen por saludables y educativas resulta difícil tratarlas al mismo tiempo como victimizadoras y criminales.

Algo de verdad hay, sin embargo, en la creencia de que enfrentarse a la violencia puede tener efectos positivos. La gente que ha padecido algún tipo de violencia o crimen aprende a ser más precavida. Los caseros que han sufrido algún robo evitan, por lo general, futuros robos instalando sistemas de alarmas y más cerraduras de seguridad. Sin embargo, esto no quiere decir que yo crea que sufrir un robo sea una experiencia saludable. Una comunidad en la que todo el mundo haya sufrido robos puede que esté mejor protegida pero, probablemente, será más desdichada, suspicaz y temerosa. Los propietarios de la comunidad, ciertamente, tomarían a mal al policía que les dijera —como muchos padres hacen con sus hijos— que su mala experiencia les servirá de lección.

Asimismo, hay que prestar atención al efecto que esta idea tiene en los niños. La creencia de que los niños deben aprender a defenderse puede exacerbar en ellos un sentimiento de impotencia, basado en la percepción de que los adultos no están dispuestos a protegerles. Puede también llevar a un niño a autoinculparse por su propia victimización, al considerar que es su inadecuación o debilidad lo que provoca que la victimización tenga lugar. Algo importante que sabemos acerca del abuso sexual es que los chicos son más reacios a revelarlo a los adultos que las chicas (Finkelhor, 1979). Es casi seguro que esto se debe, en parte, a que los chicos asimilan una mayor dosis de la ideología según la cual deberían haber sido capaces de protegerse. De ahí que se avergüencen de sí mismos y no lo cuenten.

Lejos de establecer que la victimización tiene efectos saludables, más bien aumenta la evidencia de que incluso la victimización entre *iguales* durante la infancia se asocia con actividades delictivas y la realización de actos violentos más tarde (Durant, Cadenhead, Pendergrast, Slavens y Linder, 1994). Ello se debe a que muchos niños que han sido victimizados aprenden el mensaje de que la violencia es la vía para resolver conflictos.

9. **Las peleas no pueden considerarse muestras de violencia**

Otro mito particular acerca de violencia entre niños es el de que ésta es distinta del crimen, es decir, no es tan grave y los adultos no deberían intervenir porque es *recíproca*. En este caso no hay victimización alguna porque se trata de *peleas*, no de agresiones, en las que la responsabilidad está mutuamente compartida.

Es verdad que, a veces, dos o más niños se instigan a luchar, pero esto no es lo que sucede de ordinario. Los adultos perciben erróneamente la violencia entre niños como recíproca porque, cuando se dan cuenta del conflicto, ya ambas partes pueden estar intercambiando golpes o insultándose. Pero esto no debería hacer que se perdiera de vista el hecho de que en estos episodios, un niño o varios pueden haber sido atacados por otro.

Dicho con cierta ironía, también parece darse una cierta violencia recíproca entre adultos; sin embargo, nadie usará el estereotipo de «pelea sin importancia» para minimizar el carácter victimizador de este suceso. Así, por ejemplo, en el caso de muchos homicidios entre adultos, dos personas se pelean (por ejemplo, porque una de ellas ha hecho un comentario despectivo sobre la acompañante de la otra en una fiesta o en un bar); luego, una de ellas saca un cuchillo o una pistola. Pero, entre los adultos, se tiene mucho cuidado a la hora de denominar a uno «víctima» y al otro «agresor». Obsérvese que el mito de la «pelea sin importancia» fue adscrito a otra forma de violencia a la que no se concedía gravedad alguna: el maltrato de la propia mujer. Ahora somos más sensibles a victimizaciones ligadas a diferencias de fuerza y de tamaño. Sin embargo, en el caso de peleas entre niños pasamos por alto aún las diferencias de edad, fuerza y número de agresores, y las percibimos como «peleas recíprocas».

10. **El interés profesional está fragmentado**

El mito, pues, ha empañado la empatía y la valoración de la victimización infantil. Pero tampoco ha sido adecuada la atención que los profesionales le han prestado porque se ha distribuido en un gran número de pequeños ámbitos aislados: el estudio del maltrato físico, el abuso sexual, las peleas escolares y los secuestros; sin embargo, todo esto carece de sentido, ya que muchos estudios se solapan. Por ejemplo, es muy probable que los niños que sufren un determinado tipo de victimización sean víctimas de otro (Finkelhor y Dziuba-Leatherman, 1994). Los niños a los que sus padres les dan azotes tienen mayor probabilidad de ser victimizados por sus *iguales*, y aquellos que han padecido abuso sexual en su hogar tienen mayor probabilidad de ser violados cuando alcanzan la adolescencia. Y esta pérdida de perspectiva global es lo que impide que se dispense la atención debida al alcance, importancia y extensión de esta victimización.

Otro problema es que los niños no dividen el peligro en las categorías de maltrato infantil y abuso sexual, sino que más bien tienden a distinguir entre cosas y personas seguras, y cosas y personas peligrosas. Creo que los expertos han de prestar más atención al punto de vista de los niños. El niño que recibe azotes de su padre puede también ser aterrorizado por otros niños en la escuela. Carece de sentido tratar uno de esos problemas (el padre) e ignorar el otro (las peleas escolares) como si éstas no fueran preocupantes.

11. Victimología evolutiva

Lo que realmente necesitamos es un campo que abarque y unifique todos estos temas relacionados con el maltrato y la victimización infantil que los vea como partes de un todo, que detecte solapamientos, que incorpore el punto de vista de los niños y que, finalmente, adopte una perspectiva evolutiva. Yo me dedico a desarrollar ese campo. Lo denomino «victimología evolutiva» y entendiendo por tal el estudio de la diversidad de victimizaciones que los niños pueden experimentar a lo largo de las diversas fases de la infancia (Finkelhor, 1995). Es interesante constatar que ya tenemos un área del saber que está unificada, que es evolutiva y que se refiere a la violencia y los niños. Es el área denominada de la delincuencia juvenil. Ciertamente, es uno de los campos de las ciencias sociales más antiguos y mejor elaborados desde un punto de vista teórico y empírico. Esta área se ocupa de todas las formas de delincuencia: violencia, delitos sexuales, delitos contra la propiedad y delitos contra el entorno, tales como fugarse. Pero lo hace sólo desde la perspectiva de los niños como delincuentes, no de los niños como víctimas de la violencia.

¿Por qué no ha de haber un campo paralelo e igual de desarrollado que se ocupe de los niños que padecen victimizaciones y violencia? El hecho de que el mundo científico haya estado tradicionalmente más preocupado por los delitos que por las victimizaciones de los niños es, de nuevo, un signo de la ceguera que los adultos han padecido a la hora de observar a la infancia. Ello se debe, en buena medida, a que son los adultos —no los niños— los que fijan las prioridades, y el temor es más poderoso que la empatía.

La victimología evolutiva de la infancia puede dividirse en dos ámbitos elementales y completamente distintos. El primero se ocupa de los aspectos evolutivos del riesgo. Los tipos de victimizaciones que los niños sufren dependen, básicamente, de su edad y de su grado de desarrollo. Un ejemplo obvio: rara vez los niños que gatean son blanco de la violencia de una pandilla.

El segundo se ocupa del aspecto evolutivo del impacto de la victimización. La manera en que los niños responden ante la victimización depende de su vulnerabilidad y de las capacidades específicas de su estadio de desarrollo. Por ejemplo, la reacción de un adolescente ante la negligencia o el abandono por parte de sus padres será diferente de la propia de un niño que ande a gatas. Podemos bosquejar algunos principios generales acerca de la naturaleza de estas reacciones, de cómo se desarrollan y cambian, y del grado en que son específicas o comunes a los diversos tipos de victimización.

12. Principios evolutivos concernientes al riesgo de victimización

En primer lugar, para dar una idea de este campo abordaré algunos principios generales que tienen que ver con el riesgo y de cómo el riesgo cambia en el curso del desarrollo. He aquí, de una forma esquemática, algunas dimensiones evolutivas generales e importantes de cómo el problema de la violencia afecta a niños y jóvenes, de las que deberíamos ser plenamente conscientes. En primer lugar, es posible predecir quién puede victimizar a un niño a lo largo de su desarrollo; en las fases tempranas de su vida, la violencia contra el niño es fundamentalmente intrafamiliar, y conforme la edad y el conocimiento aumentan, la violencia intrafamiliar disminuye y crece la violencia ejercida por extraños, proceso que culmina en la adolescencia tardía.

En segundo lugar, el riesgo de muerte o lesión tiene una distribución bimodal, hablando evolutivamente. Los niños más jóvenes forman un grupo de alto riesgo porque son pequeños e inmaduros físicamente y tienen dificultades a la hora de huir de sus agresores o de protegerse. También los niños mayores forman un colectivo de alto riesgo por otras razones: porque pueden verse mezclados en disputas con agresores armados y porque es más probable que planten cara o que provoquen a los agresores.

Finalmente, no hay que perder de vista la existencia de formas de violencia específicas de cada sexo. En las fases tempranas del desarrollo, los niños y las niñas tienen riesgos y patrones de victimización parecidos; cuando crecen, los chicos empiezan a sufrir más homicidios y las chicas más ataques sexuales. Obviamente, hay otras dimensiones evolutivas que habría que bosquejar y explorar posteriormente.

13. Barreras estructurales que obstaculizan la empatía con la victimización infantil

Hasta ahora hemos hablado de que somos incapaces de percibir la victimización de los niños, de que hay mitos, y estereotipos que nos impiden ver con claridad la realidad del mundo infantil. Hemos abordado también, aunque de forma somera, el campo del saber que me gustaría que diera lugar a una nueva conciencia sobre la situación de los niños maltratados, la *victimología evolutiva*. Con todo, pienso que no sólo hay que conocer y tomar conciencia de estos problemas, ya que es obvio que necesitamos conocer a nuestro adversario. No es accidental, tampoco, que no exista una conciencia clara de la victimización infantil. Pero, junto a estas cuestiones, hay un problema estructural. Es cierto que algunos mitos pueden ser la causa de que ignoremos o restemos importancia a la victimización infantil o fracasemos en nuestro intento de estudiarla. Así, por ejemplo, el mito de la «pelea recíproca» motivó que, durante mucho tiempo, se pasase por alto la violencia contra la mujer. Pero los mitos no son la única razón real, sino que el problema tiene otra vertiente: la estructura de las relaciones entre adultos y niños. ¿Cuáles son estos factores estructurales?

14. No tienen voz alguna en la esfera pública

Los niños no tienen demasiada voz en el dominio público, en el que los adultos fijan las prioridades; es decir, los niños ni pueden enfrentarse a los adultos ni tienen oportunidad de exponer la brutalidad que están padeciendo. Les resulta difícil poner en conocimiento del público sus apuros o enfrentarse a estereotipos y supuestos ampliamente compartidos. Recientemente, el movimiento de mujeres ha puesto de manifiesto por qué el maltrato doméstico no es una cosa menor y por qué se estaba pasando por alto el acoso sexual y las violaciones. Ha sido el nacimiento de esta conciencia organizada lo que ha cambiado ciertas actitudes sociales. De hecho, el que estemos prestando en los últimos tiempos más atención a la victimización de los niños se debe, en parte, también a que las mujeres se han enfrentado a estas cosas y a que parte de su discurso se ha podido aplicar también a los niños. Pero es difícil que, en el caso de los niños, esta conciencia se mantenga y extienda, dado que, como grupo, no pueden hacer campaña para que se reconsidere su situación.

15. **Los adultos tienen la responsabilidad de proteger a los niños**

El poder es la segunda gran razón de por qué los adultos ignoran la victimización infantil. El hecho de que los adultos tengan la responsabilidad formal y la potestad sobre los niños es algo que les dificulta a la hora de ver la victimización de que éstos son objeto. En nuestro rol de protectores hemos de controlar a los niños y a veces hemos de hacerles daño, daño que ellos pueden experimentar en ocasiones a pesar de nuestros esfuerzos por evitarlo. Por eso, si no fuéramos tan sensibles al daño que causa, sería más fácil ejercer el poder.

Es el mismo dilema que tiene un doctor. Es duro pinchar, cortar y ver cómo la gente muere mientras tú haces tu trabajo si realmente estás en contacto con el dolor. De ahí que una parte importante del entrenamiento médico consista en la insensibilización. (Por cierto, hemos conocido varios lugares de asistencia médica en los que se les ha ido de la mano la insensibilización en perjuicio de los pacientes.)

Con los adultos, respecto de los niños, pasa lo mismo. Como guardianes, reconocer la vulnerabilidad de los niños a la victimización es algo que hace que sea crucial la enorme tarea que puede requerir su protección, una tarea que los adultos perciben con temor: proteger a los niños frente la violencia cotidiana, frente a sus *iguales* en la escuela, frente a otros adultos o frente a sus hermanos. Esta tarea podría ocupar la totalidad de nuestras vidas. Es más fácil dejar de lado este hecho que tomar sobre sí esta pesada carga.

Pero como protectores de los niños creemos también en la necesidad de hacerles daño. Es en este contexto donde se percibe con claridad el efecto corrosivo del castigo físico. Desde el momento en que, como adultos, creemos que es necesario usar la violencia con los niños con el fin de controlarlos, comenzamos a ver la violencia como algo que no les afecta demasiado. Si nosotros pensáramos que ellos sufren lo mismo que nosotros cuando se les pega, no seríamos capaces de hacerlo; pero como creemos que no sufren cuando les pegamos, tampoco deben de sufrir cuando otros lo hacen. Y como opinamos que no estamos actuando violentamente cuando les pegamos, tendemos a creer que tampoco lo harán los demás. El derecho que nos reservamos de usar la violencia contra los niños hace que ésta sea difícil de percibir.

16. Miedo

Un tercer motivo de por qué los adultos ignoran y le restan importancia a la victimización infantil puede ser el del miedo. Vivimos en sociedades que cada vez están más preocupadas por el crimen y el fracaso social de las autoridades para poner fin a esta situación. Sin embargo, gran parte de esta preocupación es completamente imaginaria. La gran importancia de medios de comunicación como la televisión ha provocado que en nuestras casas entre más violencia que nunca; quizá por eso, aunque la tasa de crímenes baje o se mantenga, la gente ve más violencia y está más atemorizada. Los políticos, en su afán de aparecer ante la ciudadanía como muy preocupados por el crimen tienden a demonizar a la juventud como la culpable principal del problema. Así, por ejemplo, en Estados Unidos muchas de las respuestas que los políticos dan cuando se les pregunta por su lucha contra el crimen tienen que ver con la adopción de medidas duras contra los jóvenes: toques de queda, fiscalización y encancerlación de los jóvenes como si fueran adultos. Sin embargo, nuestra estadística nacional del crimen evidencia lo incorrecto de esta aproximación: los jóvenes sólo son responsables del 16 por ciento de los crímenes y del 18 por ciento de todas las acciones violentas

(Snyder y Sickmund, 1995). Si se correlaciona el grado en que los jóvenes son víctimas y verdugos con el número de jóvenes que hay, es obvio que son mucho más víctimas que victimarios. La razón principal por la que los jóvenes se han convertido en cabezas de turco es que no tienen ningún poder político; por lo que los políticos pueden privarles de libertades sin miedo a represalias (Males, 1996). En este sentido, constituyen unos blancos idóneos.

Pero el propio hecho de ser cabezas de turco hace que resulte aún más difícil que los políticos comprendan la victimización juvenil, ya que una vez que los adultos se han acostumbrado a ver a los jóvenes como animales de rapiña es muy difícil sensibilizarlos acerca de las victimizaciones de que son objeto. A diferencia del caso de las mujeres, no ha habido ninguna movilización a favor de los niños que tienda, principalmente, a defenderlos ante la violencia y sus consecuencias, y ha faltado, por supuesto, la idea clave de que ellos son, precisamente, las víctimas principales de la violencia. Por el contrario, se tiende a dividir a la población infantil en dos grupos: los más pequeños —dignos de protección—, y los mayores —que no lo son—. Pienso que no surgirá una verdadera y adecuada conciencia acerca de las diferentes formas de victimización infantil mientras no se acabe con la práctica de convertir a la juventud en cabeza de turco del problema de la violencia.

17. **Los adultos protegen su propia imagen**

Finalmente, un cuarto motivo de por qué los adultos ignoran y le restan importancia a la victimización infantil es el de que éstos tienden a defender su propia imagen; y, en parte, creo que sucede así, porque los adultos tratamos de negar nuestro propio dolor. Es como si pensáramos que eso nunca nos pasó a nosotros. Todos hemos sido niños y a muchos de nosotros se nos pegó y maltrató, y de muchos de nosotros se abusó. Entonces, ¿por qué no somos más comprensivos con la victimización infantil? La respuesta es que nos hemos distanciado del dolor y de la impotencia y no queremos acordarnos de ellos. ¡Cuántas veces he escuchado a gente decir:

«Es cierto, mi padre me zurraba. Pero estoy perfectamente»!, o: «Sí, es verdad, mi padre me pegaba con la correa de chico, pero me enseñó a valerme por mí mismo.» La gente se adapta a las experiencias violentas, tanto en la infancia como en la fase adulta y es bueno no perder este dato de vista. Pero el hecho de que las personas utilicen pensamientos como los mencionados para restarle importancia a la victimización infantil es algo que me lleva a considerar que el coste de ser comprensivos resulta demasiado grande. Si a los niños se les lastima, quizá a mí también se me lastimó. Quizá se me hizo mucho daño, y no quiero acordarme.

Tras bosquejar estas fuentes estructurales del problema me gustaría añadir que no creo que el futuro sea malo: hemos avanzado mucho. Con todo, no deberíamos minusvalorar el problema. La existencia de las barreras estructurales antes analizadas conlleva la necesidad de ir más allá en nuestros usos y supuestos sociales con el fin de abordar el problema plenamente. Hemos de ir más allá de nuestros ámbitos profesionales, más allá de nuestro rol de adulto, más allá de nuestros hábitos personales de pensamiento y de nuestra autoimagen, ayudando a otros para que también vayan más allá de estos límites, de modo que el mundo de la infancia, en sus sufrimientos y alegrías, deje de ser un lugar oscuro.

Referencias bibliográficas

Boney-McCoy, S. y Finkelhor, D. (1995): «The psychosocial impact of violent victimization on a national youth sample», *Journal of Consulting and Clinical Psychology*, 63 (5), pp. 726-736.
Durant, R. H.; Cadenhead, C.; Pendergrast, R. A.; Slavens, G. y Linder, C. W. (1994): «Factors associated with the use of violence among urban black adolescents», *American Journal of Public Health*, 84, pp. 612-617.
Finkelhor, D. (1979): *Sexually victimized children*, Nueva York, Free Press.
— (1994): «The international epidemiology of child sexual abuse», *Child Abuse & Neglect*, 18 (5), pp. 409-417.
— (1995): «The victimization of children in a developmental perspetive», *American Journal of Orthopsychiatry*, 65 (2), pp. 177-193.

Finkelhor, D. y Dziuba-Leatherman, J. (1994): «Children as victims of violence: A national survey», *Pediatrics*, 94 (4), pp. 413-420.
Finkelhor, D. y Wolak, J. (1995): «Nonsexual assaults to the genitals in the youth population», *JAMA*, 274 (21), pp. 1692-1697.
Lynch, J. P. (1991): «Victim behavior and the risk of victimization: Implications of activity-specific victimization rates», en G. Kaiser; H. Kury y H. J. Albrect (eds.), *Victims and Criminal Violence*, Freiburg, Eigenverlag Max-Planck-Institute, pp. 543-566.
Males, M. A. (1996): *The scapegoat generation: America's war on adolescents*, Monroe, ME, Common Courage Press.
Snyder, H. N. y Sickmund, M. (1995): *Juvenile offenders and victims: A national report*, Washington D.C., Office of Juvenile Justice and Delinquency Prevention.
Straus, M. A. (1994): *Beating the devil out of them: Corporal punishment in American families*, Nueva York, Lexington Books.
Straus, M. A.; Gelles, J. y Steinmetz, S. K. (1980): *Behind closed doors*, Newbury Park, CA, Sage.
U.S. Department of Justice: Office of Justice Programs (1996): *National Crime & Victimization Survey 1994* (Publication No. NCJ-151657), Washington D.C., U.S. Government Printing Office.
Van Dijk, J. J. M.; Mayhew, P. y Killias, M. (1991): *Experiences of crime across the world: Key findings of the 1989 International Crime Survey* (2.ª ed.), Deventer, Kluwer Law and Taxation Publishers.

Capítulo 8

EFECTOS*

por David Finkelhor

---

* Versión española de Manuela Martínez y Helen Blundell.

Capítulo 8

EFECTOS

por D. VAN LINKELHOF

1. **Introducción**

Los estudios acerca de la violencia y los niños han prestado más atención a los niños como verdugos que como víctimas. Por mi parte, he propuesto la creación de un nuevo campo de estudio, la «victimología del desarrollo», que corra en paralelo al de la delincuencia juvenil y que analice todas las victimizaciones que los niños sufren a lo largo de su infancia.

Dos áreas podrían integrar la victimología del desarrollo. La primera se ocuparía del análisis del riesgo. La segunda abordaría el análisis del impacto de la victimización.

El área primera debería partir, por una parte, de la constatación de que la naturaleza de los riesgos de ser víctima de maltrato cambia de manera predecible a lo largo de la infancia y, por otra, de la necesidad de obtener algunos principios generales que describan estos cambios. En el capítulo anterior he tratado de perfilar alguno de estos principios generales.

Me ocuparé ahora de los efectos de la victimización, analizando las reacciones de los niños ante ella en diferentes estadios de su vida.

2. **Algunas estadísticas sobre el impacto de la victimización**

La victimización tiene importantes efectos en la niñez. Creo que no hay que hacer un gran esfuerzo para convencerse de ello, al menos en lo que respecta a las formas graves de victimización. Anualmente, en Estados Unidos mueren de forma violenta más de 2.000 menores de 18 años. El homicidio es hoy en día una de las principales causas de mortalidad infantil (Snyder y Sickmnund, 1995). En términos de lesiones no fatales, se calcula que cada año, entre 560.000 y 570.000 niños sufren daños graves por maltrato físico o negligencia, y unos 2.800.000 sufren asaltos con lesiones (Hashima y Finkelhor, en prensa). Los costes de la victimización y de la atención médica que requiere todo ello se estiman en unos 8.700 millones de dolares al año, lo que supone alrededor de un diez por ciento de los costes totales de la atención sanitaria infantil —un 13 por ciento, si se excluyen los costes relacionados con el embarazo y el parto— (Miller, Cohen y Wiersema, 1996).

La victimización infantil influye también gravemente sobre la salud mental, aunque esta influencia sea más difícil de cuantificar, y está asociada con niveles muy altos de *morbilidad* en la salud mental. Los niños que han sido víctimas de la violencia tienen tasas de depresión y síntomas post-traumáticos (tales como pesadillas, escenas retrospectivas e hiperarousal) entre dos y ocho veces más altas que las observadas en otros niños (Boney-McCoy y Finkelhor, 1995). El riesgo es particularmente elevado en el caso de los síntomas del desorden post-traumático (**PTSD**). Un estudio del Instituto Nacional de Justicia estima que más de 3.000 millones de dólares de los costes de la atención de la salud mental se invierten en el tratamiento de las consecuencias de la victimización infantil. Esta cifra representa de nuevo un diez por ciento de la cantidad total que se invierte respecto de la salud mental en Estados Unidos (Miller, Cohen y Wiersema, 1996).

Éstos son los gastos totales brutos producidos por la victimización. Pero al igual que ocurría con el análisis de riesgos, es preciso desarrollar algunos principios generales acerca del impacto de la victimización que permitan agrupar los diversos campos de estudio existentes, tales como el abuso sexual, el maltrato físico, etc.

3. Principios generales acerca del impacto de la victimización

El impacto de la victimización es un tópico que, hasta cierto punto, ya abordan otras áreas de investigación bien definidas, como la psicopatología del desarrollo (Cicchetti, 1995; Sroufe y Rutter, 1984). En concreto, hay bastantes publicaciones sobre desarrollo y trauma (Pynoos, Steinberg y Wraith, 1995). Con todo, existen también buenas razones para hacer del estudio del impacto de la victimización un área autónoma.

La victimización es un tipo especial de experiencia vital negativa que está al margen de otros factores estresantes y traumáticos. La victimización puede definirse como el daño que a un individuo le causan otros seres humanos cuyo comportamiento viola las reglas sociales. Dos notas destacan en esta definición: el hecho de que se trata de un daño causado por seres humanos, y el de que se violan normas sociales. Ambas notas confieren a las victimizaciones un potencial de impacto traumático diferente del de otros factores estresantes o traumas, como los accidentes, enfermedades, defunciones y desastres naturales. En este caso el problema de la malevolencia, la traición y la injusticia son mucho más cruciales. Además, en gran parte, las victimizaciones requieren de los servicios de un conjunto de instituciones que están ausentes en el caso de otros factores estresantes y traumas. Entre esas instituciones figuran la policía, los juzgados, las agencias de control social, y otras cuyos esfuerzos tienden a restablecer la justicia e impartir castigos. Por todo ello, creo que tiene bastante sentido estudiar el impacto de la victimización al margen de otros factores estresantes de la infancia.

Gran parte del estudio del impacto de la victimización ha estado dominado por el desorden de estrés post-traumático (PTSD) (Eth y Pynoos, 1985). El estudio del PTSD constituye una rama de la psiquiatría y la salud mental surgida como resultado del análisis del impacto de la guerra en los veteranos. Según el PTSD, exponerse a actos de violencia extrema y a otros acontecimientos amenazadores tiene diversas consecuencias: hiperarousal fisiológico y pensamientos y recuerdos no deseados. También suele conllevar que se soslayen ciertas conductas.

El trabajo en el campo del PTSD ha hecho que aumenten nuestros conocimientos sobre el impacto de la victimización infantil. Pero, al mismo tiempo, el estudio de la victimización infantil está limitado y sesgado por el hecho de que se dispense prioritariamente atención al PTSD. Sin embargo, se ha prestado poca atención a otras formas de victimización más cotidianas, que pueden tener efectos en el desarrollo, pero que usualmente no dan lugar a traumas clínicos, como, por ejemplo, la violencia entre compañeros, la violencia entre hermanos y el castigo físico. No obstante, sus efectos pueden ser importantes, aunque no lleguen a ser traumas clínicos. Su importancia radica en el hecho de que son muy frecuentes y están muy difundidos, de modo que cada uno de esos efectos por sí solo puede no ser significativo, pero, en conjunto, crean una situación que puede perturbar la totalidad del proceso de socialización.

En la bibliografía sobre el PTSD hay que destacar, además, que en la definición de trauma y, por lo tanto, en la definición del impacto de la victimización, dominan las dimensiones afectivas: pensamientos, sentimientos e imágenes aterradoras e insensibilidad emotiva (March y Amaya-Jackson, 1993). No se han atendido tanto otros aspectos, en particular las dimensiones cognitivas y actitudinales como, por ejemplo, qué cambios se producen en las opiniones del niño sobre la justicia, la moralidad, la imparcialidad, la seguridad personal y la confianza en las relaciones humanas (Finkelhor, 1987). En este sentido, la victimización puede desempeñar un cierto papel en la aparición de actitudes racistas y políticamente reaccionarias (Aboud, 1993; Oskamp, 1991). Es éste un factor ausente de la bibliografía sobre el PTSD, volcada en el análisis de las respuestas afectivas y psicopatológicas.

Finalmente, el estudio del PTSD no ha puesto el suficiente énfasis en algunos de los aspectos del desarrollo. Hay una abundante bibliografía acerca de los efectos que el crimen y la violencia tienen en diferentes fases del desarrollo; sin embargo, hay otros aspectos a los que no se ha prestado todavía la atención necesaria. Personalmente, he tratado de estructurar estos aspectos (más o menos) según las distintas fases del desarrollo. A continuación describiré brevemente algunos de ellos.

4. Impactos de la victimización en el curso del desarrollo

Sabemos hoy que la victimización influye en el establecimiento de relaciones con terceros. Los niños que son físicamente maltratados por sus padres o que viven en familias violentas tienen un riesgo mucho mayor de desarrollar relaciones inseguras con las personas que los cuidan. Las ramificaciones que este hecho tiene son muy complejas.

Parece que la violencia influye también negativamente en el aprendizaje del control de las emociones. Los niños expuestos a la violencia suelen tener niveles altos de arousal emocional, son más difíciles de calmar y tienen problemas a la hora de utilizar las estrategias cognitivas básicas (que la mayoría de los niños aprenden) para pasar de un estado emocional a otro; asimismo, la madurez cognitiva, el CI y la habilidad para seguir instrucciones están afectados. La violencia traumática puede influir sobre el almacenamiento y las pautas de procesamiento de la memoria, ya que el organismo se adapta, desarrollando, por ejemplo, estilos disociativos para ocultar recuerdos perturbadores o evitar que ciertas asociaciones de ideas se hagan conscientes.

Los niños que se exponen frecuentemente a la violencia se aíslan de sus compañeros o ven afectado el desarrollo de sus habilidades sociales. Dichos niños pueden tener dificultades para inhibir su propia agresividad, y en ellos el desarrollo normal de los conceptos morales puede estar desorganizado. El estar preocupado, temeroso, falto de habilidades sociales, el ser reservado o agresivo motiva que a menudo les resulte difícil establecer relaciones amistosas. Se sabe que los niños expuestos a la violencia tienen tendencia a hacer atribuciones negativas u hostiles, de manera que suelen percibir las intenciones de los demás como malévolas, interpretando los errores sociales ordinarios como actos motivados por la agresión y la hostilidad.

Frecuentemente, las preocupaciones, los síntomas traumáticos, las deficiencias cognitivas, etc., influyen en el rendimiento escolar y dan lugar a notas y puntuaciones bajas en los exámenes.

En la adolescencia suele haber baja autoestima, inclinación a ver el mundo negativamente, uso de vocablos pesimistas, aptitud social baja y un gran aumento en la tendencia a comportarse violenta y antisocialmente.

5. Factores de la victimización

No obstante, no debemos conformarnos con describir los efectos de la victimización en las diferentes etapas del desarrollo. Hemos de preguntarnos cuáles son las causas de esas diferencias, y cuáles son los factores relevantes que hacen que la victimización dé lugar a consecuencias diferentes en etapas distintas.

Para tratar de dar respuesta a estas cuestiones propongo un esquema conceptual general, que denominaré «Modelo de las dimensiones (evolutivas) del impacto de la victimización» (Finkelhor y Kendall-Tackett, 1997).

Según este modelo, las diferencias en el desarrollo pueden influir en cuatro dimensiones (relativamente diferentes) del impacto de la victimización. Estas cuatro dimensiones son:

1. *Valoración de la victimización y de sus implicaciones*. En cada etapa del desarrollo, el niño tiene una apreciación distinta de la victimización y, a partir de estas valoraciones distintas, tiende a abrigar expectativas diferentes.

2. *Aplicación de la valoración a los cometidos propios de cada fase del desarrollo* (lo que abreviaremos en lo sucesivo como «aplicación a tareas» o, simplemente, «aplicación»). La valoración que cada niño haga de la victimización y de sus implicaciones se aplicará a los diferentes cometidos que tenga que afrontar en cada etapa de su desarrollo.

3. *Estrategias de afrontamiento (coping strategies)*. En cada etapa del desarrollo, el niño dispone de diferentes re-

pertorios de estrategias para hacer frente, en particular, al estrés y al conflicto producido por la victimización.

4. *Amortiguadores ambientales*. En las diferentes etapas del desarrollo, los niños operan en contextos sociales y familiares diferentes que pueden *amortiguar* la forma en que la victimización les afecta.

Este esquema conceptual supone que los niños responden a la victimización siguiendo un cierto orden. Cuando ésta tiene lugar, los niños pueden valorar lo que les está sucediendo durante la misma y durante sus consecuencias. Estas valoraciones se aplican a una serie de aspectos, como la naturaleza del suceso («me están robando»), la causa del suceso («lo abandoné»), los motivos del agresor, la naturaleza del daño («me podría haber matado»), o la naturaleza de la propia respuesta («no puedo hacer nada»).

Estas valoraciones se aplican a los cometidos que tienen que afrontar los niños en cada fase del desarrollo. Por ejemplo, un niño puede pensar que «no puedo confiar en ellos», cuando está tratando de aprender un juego en el que ha de cooperar con sus compañeros. O que «es peligroso ser atractiva», cuando se está arreglando para una cita. O que «no puedo sobrevivir sin la presencia de mi madre», cuando está intentando independizarse de sus padres.

Los niños también expresan el conflicto poniendo en práctica las conductas o estrategias de afrontamiento con las que cuentan en cada fase del desarrollo. Si el niño está en una etapa de juego fantástico, el conflicto se expresa a través de sus fantasías al jugar; si el niño está en una etapa en la que intenta comprobar si puede independizarse de sus padres, el conflicto puede expresarse a través de una ruptura radical (por ejemplo, huyendo).

Finalmente, también dependen de la etapa del desarrollo en que se encuentre el niño las respuestas que otras personas de su entorno den a su victimización y a sus estrategias de afrontamiento. Por ejemplo, esas respuestas pueden consistir en culparle, creerle, alarmarse, tomar medidas para protegerle, implicar a las autoridades sociales y buscar ayuda. Todo está relacionado con la edad del niño y su nivel de desarrollo, y tiene consecuencias adicionales. Para ilustrar cómo este esquema conceptual puede generalizarse a diferentes tipos de victimización, daré algunos ejemplos muy esquemáticos:

Cicchetti y otros científicos han descubierto que los niños que han sido maltratados en los primeros momentos de su vida suelen relacionarse de forma insegura con sus cuidadores (Cicchetti, 1989). Podríamos ilustrar lo dicho con el siguiente ejemplo:

— *Victimización*: la madre golpea y zarandea brutalmente a un niño pequeño en respuesta a su llanto.
— *Valoración*: «mi madre me hace daño cuando lloro o tengo necesidades».
— *Aplicación*: aparecen relaciones inseguras («No me siento seguro con mi cuidador»).
— *Estrategia de afrontamiento*: evitar a mi cuidador o eludir expresar mis necesidades.
— *Amortiguadores ambientales*: en este estadio no hay otras relaciones significativas que amortigüen la adaptación insegura.

La bibliografía sobre abuso sexual nos suministra otro ejemplo: los niños que han sufrido abusos sexuales cuando eran pequeños manifiestan luego conductas sexualizadas (Friedrich, Grambasch, Damon, Hewitt, Koverola, Lang y Wolfe, 1992):

— *Victimización*: un padre pone con frecuencia a su hija de seis años en su regazo y la frota contra su pene desnudo hasta que eyacula.
— *Valoración*: «cuando toco el pene de papá, le hago muy feliz y me trata de forma especial».
— *Aplicación*: «cuando quiero que los adultos sean buenos conmigo, les toco los genitales».
— *Estrategia de afrontamiento*: tratar de manipular a los adultos.
— *Contexto ambiental*: cuando la niña actúa de esta forma con otros adultos o niños, algunos pueden reforzar su conducta, pero otros pueden alarmarse.

Siguen dos ejemplos más.

— *Victimización*: un niño de cuatro años ve cómo su padre mata a su madre.
— *Valoración*: «ha sido culpa mía por enfadar a mi padre».
— *Aplicación*: aprender a considerarse causa de sucesos negativos, exagerando la propia responsabilidad.
— *Estrategia de afrontamiento*: extrema pasividad para evitar la posibilidad de que alguien se enfade.
— *Amortiguadores ambientales*: puede que la pasividad en un niño de cuatro años no se considere un problema y que no se haga mucho por rehabilitarle.
— *Victimización*: un chico de dieciséis años sufre repetidas agresiones y amenazas por parte de sus compañeros.
— *Valoración*: «debo parecer fácil de vencer. Si les amenazo, dejarán de perseguirme».
— *Aplicación*: formación de una identidad personal consecuente: «debo ser duro».
— *Estrategia de afrontamiento*: dureza, adquisición de armas para prevenirse.
— *Amortiguador ambiental*: pandillas de jóvenes agresivos pueden reforzar su dureza y alentar una ideología que la apoye.

Obviamente, hay otros modelos con los que analizar el impacto de la victimización. Nuestro modelo de cuatro dimensiones ni siquiera abarca todos sus componentes. Lo único que pretende es poner de manifiesto los elementos más afectados (por los cambios evolutivos del niño) en el proceso de respuesta a la victimización.

A continuación haré algunas observaciones acerca de cada una de las cuatro dimensiones de nuestro modelo y de algunos principios generales del desarrollo que podemos obtener a partir de la bibliografía existente.

— *Valoración y victimización*

Las valoraciones influyen sobre la comprensión (por primitiva que sea) de lo que acontece en una victimización y de sus causas. Estas valoraciones pueden tener una forma tan simple como la de que cierta persona o suceso causa dolor.

Claramente, las valoraciones están influidas por la fase del desarrollo en que la víctima se encuentra. Un asunto tan básico como el de percibir que se está sufriendo una victimización se aprecia de distinta manera según sea el estadio evolutivo en que se encuentre la víctima. Hay formas de victimización, como, por ejemplo, un ataque violento, que incluso un niño muy pequeño puede evaluar como desagradables y dolorosas; hay otras formas que no pueden ser identificadas como tales si no se conocen ciertas normas sociales (Maccoby, 1983). La noción de robo, por ejemplo, requiere conocer el concepto de propiedad, del que carecen los niños muy pequeños.

Lo dicho permite distinguir entre dos formas de victimización: la que puede llamarse «victimización mediatizada por el dolor» y la «victimización mediatizada por el significado».

La víctima puede valorar más negativamente la victimización mediatizada por el dolor (por ejemplo, el maltrato físico) que la victimización mediatizada por el significado (por ejemplo, el robo). Conviene señalar, con todo, que las victimizaciones mediatizadas por el dolor no son, por lo general, puras, sino que van adquiriendo significados negativos a lo largo del desarrollo. Por ejemplo, los niños muy pequeños experimentan el dolor físico cuando sus padres les propinan unos azotes y, en consecuencia, pueden valorar como nociva esta conducta paterna (victimización mediatizada por el dolor), pero los jóvenes a los que sus padres dan azotes pueden sentir una intensa humillación además de dolor. La humillación aparece sólo cuando el joven adquiere conciencia de algunas normas sociales (victimización mediatizada por el significado). Podría concluirse en este punto que es difícil que haya victimizaciones mediatizadas por el dolor que sean puras. Por el contrario, hay victimizaciones mediatizadas por el significado, como el robo, sin mezcla alguna de dolor físico.

A partir de las observaciones que acabamos de formular se obtiene el siguiente principio evolutivo: *se reconocen an-*

tes las victimizaciones mediatizadas por el dolor que las victimizaciones mediatizadas por el significado.

En este ámbito hay que destacar, también, que se ha dedicado mucha bibliografía al tema de la apreciación de la peligrosidad. Hay estudios sobre el PTSD que ponen de manifiesto que ciertos tipos de valoración de sucesos negativos, como, por ejemplo, la creencia de que uno podría haber sufrido graves heridas o incluso la muerte, producen aún más dolor y síntomas. Además, otro principio evolutivo sugerido por la investigación sobre el PTSD es el de que realizan unas valoraciones de peligro los niños pequeños que suelen estar *socialmente mediatizadas* (Pynoos, Steinberg y Wraith, 1995). Por ejemplo, un niño pequeño que ha participado en un secuestro puede evaluar la peligrosidad de esta situación según sea el miedo o la preocupación que experimenten sus padres, y no por lo que realmente sucede. De lo dicho se desprende un nuevo principio evolutivo acerca de las valoraciones: es frecuente que *en niños pequeños las valoraciones estén socialmente mediatizadas.*

Finalmente, hay otro aspecto del desarrollo que resulta relevante para las valoraciones: el que concierne a la habilidad que los niños tienen para hacer discriminaciones acerca de los diversos tipos de sucesos. Un claro ejemplo de la bibliografía que ilustra cómo operan estas discriminaciones en el marco del desarrollo fue el descubrimiento de Pynoos y Nader (1988) referido a niños que habían presenciado la violación de su madre. En niños en edad escolar que habían presenciado violaciones de este tipo no hubo diferencias entre los dos sexos: los niños quedaron tan afectados como las niñas. En cambio, entre los adolescentes se descubrió que las chicas resultaban más afectadas que los chicos. Los autores sustentan la hipótesis de que los adolescentes, a diferencia de los niños, han aprendido que las violaciones afectan principalmente a las mujeres y a las chicas, pero no a chicos. A partir de lo dicho, puede deducirse que *el desarrollo produce la capacidad de discriminar entre amenazas*. Esa capacidad de discriminación puede proteger indirectamente frente al impacto de algunas victimizaciones.

— *Tareas propias de cada fase del desarrollo y victimización*

Como hemos visto, el proceso de valoración concierne al modo en que las víctimas *interpretan* la experiencia que sufren. Para comprender el impacto de la victimización en un niño es importante conocer también las cosas (cometidos o tareas) propias de su edad (lo que vengo denominando «tareas del desarrollo»); es decir, aquellas cosas que un niño suele hacer cuando la victimización se produce, o tras ella. Así, por ejemplo, el proceso de valoración supone que el niño *comprende*, o no, las implicaciones sexuales de sufrir abuso sexual; pero, además, el impacto del abuso sexual en el niño será distinto según esté, o no, aproximándose a la etapa en que comienza a salir con personas del otro sexo. Claramente, el abuso sexual puede ser mucho más destructivo en el caso, por ejemplo, de una niña que está en edad de empezar a salir con chicos.

La bibliografía existente en este ámbito señala que la victimización puede influir sobre las *tareas del desarrollo* de tres maneras conceptualmente distintas. Primero, la victimización puede interrumpir o retrasar sustancialmente el llevar a cabo un cometido. Por ejemplo, el niño que es intimidado por sus compañeros puede tener problemas a la hora de establecer relaciones con sus iguales. Segundo, la victimización puede deformar o condicionar la forma en que la tarea se acomete. Por ejemplo, cuando un niño ha sido maltratado, en lugar de establecer relaciones seguras mantendrá relaciones ansiosas. Tercero, la victimización puede dar lugar a una regresión, interrumpiéndose los resultados positivos de una tarea ya resuelta. Uno de los principios que se citan a menudo en este ámbito es el de que los resultados positivos más vulnerables a la interrupción son los recién obtenidos (Rutter, 1988). Así, un niño que ha sido capaz de tolerar estar separado de sus padres, vuelve a menudo a sentir la necesidad de depender de ellos.

En la bibliografía hay muchos ejemplos del impacto que la victimización ejerce sobre las tareas del desarrollo. El maltrato y el abandono, si se sufren en los momentos iniciales de la infancia, provocan ansiedad a la hora de establecer relaciones con la gente. Se ha demostrado que la victimización por parte de los compañeros, cuando los niños comienzan a ir a escuela, tiene unos efectos negativos en el establecimiento de relaciones con los iguales, creando inhibición y retraso en el desarrollo de habilidades sociales. El principio general que podemos obtener a partir de lo dicho es que es muy probable que aquellas *victimizaciones que tienen lugar cuando una tarea está acometiéndose influyan negativamente y de forma más indeleble sobre las capacidades y conductas implicadas en la tarea en cuestión.*

— *Estrategias de afrontamiento y victimización*

Los impactos de la victimización están, pues, determinados en cierto modo por las valoraciones que se hagan acerca de la propia victimización y por las tareas que se estén acometiendo cuando ésta ocurre. Un tercer factor importante que influye sobre los efectos de la victimización es el constituido por el conjunto de estrategias de afrontamiento de que el niño dispone. Un niño que es capaz de hablar introspectivamente acerca de lo que siente tras una experiencia, puede ser también capaz de procesarla y recuperarse mejor que uno que no pueda. De igual manera, un niño que es capaz de controlar su ambiente de modo que pueda evitar el contacto con el agresor y riesgos futuros, reaccionará de forma diferente que uno que tenga poco control.

Las estrategias de afrontamiento pueden interpretarse como respuestas generalizadas al estrés o al desafío. Así, la confianza de los niños de preescolar en la fantasía, o la confianza de los niños mayores en la racionalización e intelectualización son respuestas de determinadas etapas del desarrollo al estrés.

Una de las cosas más asombrosas de este campo del saber ha sido que los investigadores no han podido identificar respuestas específicas a la victimización. Parece que no hay un síndrome específico de los niños de los que se ha abusado sexualmente. Lo que hay son estrategias de afrontamiento típicas de cada fase del desarrollo.

A partir de lo dicho, puede sustentarse el principio siguiente con respecto a las estrategias de afrontamiento: aunque cada forma de victimización tiene unas características distintivas, las victimizaciones diferentes pueden tener, en cambio, unos síntomas y pautas de conducta similares en niños de la misma edad. La razón es que esos síntomas y pautas de conducta responden a las estrategias de afrontamiento típicas de cada edad.

En general, las estrategias de afrontamiento tienden a ser más variadas, complejas y específicas conforme el niño crece (Maccoby, 1983), y va incrementando su capacidad de protegerse frente a la victimización. Por ejemplo, un niño mayor puede afrontar la violencia paterna charlando acerca de ella con un adulto de su confianza, capacidad ésta de la que carece el niño pequeño. Hay otros cambios evolutivos que, asimismo, parece que incrementan el repertorio de estrategias de afrontamiento en el niño mayor. Por ejemplo, puede utilizar unas técnicas cognitivas más efectivas para controlar la ansiedad, el temor o la ira (Pynoos, Steinberg y Wraith, 1995), y puede tener más experiencia para controlar situaciones estresantes.

A la vez, los niños mayores, por razones vinculadas con el desarrollo, pierden algunas estrategias de afrontamiento y, así, están en desventaja respecto de los niños pequeños. Por ejemplo, tienden a inhibir sus emociones (Saarni, 1993). De este modo, pueden perder los efectos positivos de llorar tras una victimización. Es más probable también que desconfíen o se sientan alejados de sus padres, en particular los adolescentes, perdiendo la empatía paterna que, en cambio, suelen recibir los niños pequeños. Finalmente, pueden tener unos presupuestos difíciles de modificar, mientras que los niños pequeños pueden adaptarse mejor a cambios de opiniones (Pynoos, Setinberg y Wraith, 1995). Todo lo dicho sugiere que no es nada fácil sustentar generalidades evolutivas, y que la interacción entre las estrategias de afrontamiento y la victimización es muy compleja.

Una hipótesis acerca del afrontamiento es la de que el desarrollo interacciona con el género, la clase y otras características personales. Así, por ejemplo, dado que las diferencias de género (y otras) se van pronunciando más conforme el niño crece, sería de esperar que estas diferencias marcasen más las estrategias de afrontamiento de los niños mayores. El hecho es que, por ejemplo, los niños que han sido victimizados suelen dejar de recurrir a los adultos en búsqueda de ayuda y que, por razones de tipo cultural conectadas con la autoconfianza, los chicos lo hacen más. Los chicos, conforme crecen, manifiestan menos temor que las chicas a ser victimizados (Green, Korol, Grace, Vary, Leonard, Gleser y Smitson-Cohen, 1991; Lonigan, Shannon, Taylor, Finch y Sallee, 1994; Pynoos, Goenjian, Tashjian, Karakashian, Manjikian, Manoukian, Steinberg y Fairbanks, 1993; Pynoos, Sorenson y Steinberg, 1993). La razón de este hecho quizá haya que buscarla en normas culturales que prohíben que los chicos manifiesten su miedo o en el entrenamiento cultural que reciben para superar este sentimiento.

Dado que las estrategias de afrontamiento varían conforme el niño crece, algunos autores han planteado que las respuestas de la víctima infantil pueden diferir en cada fase del desarrollo, no en razón de los sucesos externos, sino como resultado de lo que podría denominarse «sustitución de síntomas» (Shirk, 1988).

— *Amortiguadores ambientales y victimización*

La bibliografía sobre el impacto de la victimización concede gran importancia al ambiente social del niño. Por ejemplo, uno de los hallazgos empíricos que más aparecen en la bibliografía sobre el abuso sexual es que la respuesta de la red de apoyo social del niño —particularmente, la respuesta de la madre del niño— es el factor más importante del proceso de victimización —más importante incluso que los elementos objetivos de la victimización—, a la hora de determinar las consecuencias que de ella se sigan (Conte y Schuerman, 1987; Everson, Hunter, Runyan, Edelsohn y Coulter, 1989; Gomes-Schwartz, Horowitz, Cardarelli y Sauzier, 1990). La victimización tiene más consecuencias negativas cuando las madres, por ejemplo, no creen a los niños victimizados, les culpan, no les escuchan, se alían con los agresores o tienen una reacción tan fuerte que restan valor a la del niño.

Los estudios ponen de manifiesto que se presta más apoyo positivo a los niños pequeños que a los mayores (Gomes-Schwartz, Horowitz, Cardarelli y Sauzier, 1990; Runyan, Hunter, Everson, De Vos, Cross, Peeler y Whitcomb, 1992); a estos niños, es más probable que se les crea y que se les apoye, y es menos probable que se les culpe. Posiblemente, este hecho constituye también un principio general de la victimología evolutiva.

Además de la respuesta de los padres ante la victimización del hijo, hay otros amortiguadores ambientales que también influyen. Por ejemplo, la respuesta de los compañeros (los iguales) tiene importancia. La investigación con niños de seis y ocho años indica que su popularidad ante los demás niños disminuye de forma casi irreversible cuando son victimizados por sus compañeros (Schwartz, Dodge y Coie, 1993).

Entre los amortiguadores ambientales figuran también, por una parte, las reacciones de las instituciones sociales, como la escuela, la policía y los tribunales de justicia, y, por otra, las reacciones del contexto sociocultural como un todo.

Es evidente que el ambiente responde de modos diferentes según sea la edad de la víctima. Curiosamente, hay pocos análisis específicos de estas respuestas y de su impacto en los niños. Con todo, podemos discernir algunos principios.

Por ejemplo, parece que las respuestas paternas influyen más en los niños pequeños que en los mayores. Recuérdese que los síntomas que presentan los niños pequeños suelen depender de cómo valoren los hechos los padres (Green y otros, 1991). Los padres influyen más en la vida de los niños pequeños. En cambio, lo que más afecta a los niños mayores son las reacciones de sus compañeros y de la sociedad, así como su conocimiento de las normas sociales generales. Una hipótesis plausible es, entonces, la siguiente: los factores sociales, como la discriminación, y los culturales, como las normas concernientes al honor y la vergüenza, influyen más en los niños mayores que han sido victimizados.

Otro principio general se refiere a la medida en que los padres y otras personas hacen responsable al niño de su victimización. Es más probable que en estos casos se responsabilice antes al niño mayor que al pequeño (Isquith, Levine y Schiener, 1993; Nightingale, 1993). Los motivos de esta conducta son diversos:

1. La creencia de que los adolescentes disponen de más recursos para evitar y resistirse a la victimización.
2. La percepción de que los adolescentes se implican voluntariamente en situaciones de riesgo.
3. El hecho de que los adultos consideran que es menor su responsabilidad por lo que hacen o les sucede a sus hijos.

Este principio se refleja en la explicación que, con mayor frecuencia, aparece en los estudios sobre la victimización de adolescentes, a saber: los adolescentes victimizados suele ser delincuentes juveniles, de modo que la victimización es el resultado de un comportamiento delictivo (Finkelhor y Asdigian, 1996; Lauritsen, Sampson y Laub, 1991).

Otro principio es el relativo a la credibilidad que se dispensa a los niños victimizados. Las cosas parecen ser más complejas en este caso. Por ejemplo, ante el abuso, hay cierta evidencia de que los adultos tienden a no creer a los niños mayores, especialmente a los adolescentes (Bottoms, 1993; Nightingale, 1993), ya que se piensa que pueden mentir de forma deliberada (por ejemplo, para ocultar su actividad sexual; para poner en apuros a alguien o para creerse superiores). Por el contrario, se considera que los niños un poco más pequeños son ingenuos, por lo que no tienen tantas razones para inventarse una experiencia así. De modo que, cuando estos niños manifiestan un determinado comportamiento sexual, se tiende a creer que éste no puede tener otra fuente que el abuso sexual del que han sido objeto (Kendall-Tackett, 1992). Pero también hay un cierto escepticismo ante las acusaciones de abuso sexual hechas por los más pequeños (Isquith, Levine y Scheiner, 1993; Nightingale, 1993). Se cree que estos niños tienden a exagerar y malinterpretar ciertas situaciones (Ceci y Bruck, 1993). En un estudio sobre el jurado se consideró que los niños de 9 años (frente a los de 6 o 12) eran los testigos ideales (Nightingale, 1993). No está claro que estas mismas creencias se apliquen a otras formas de maltrato distintas del abuso sexual. Con todo, convendría analizar si hay, o no, un principio que se refiera, en general, a la credibilidad que los niños victimizados reciben de las personas a las que les cuentan sus experiencias.

Un último principio es el relativo a las autoridades a las que se apela al producirse una victimización. Los padres suelen ser los principales árbitros de las victimizaciones de los niños de preescolar. Cuando los niños alcanzan la edad escolar se implican en estos asuntos a los profesores. En esta fase de la infancia, el sistema judicial y la policía intervienen sólo cuando la victimización es causada por un agresor adulto o en las raras ocasiones en que los agresores son niños que cometen actos que superan ciertos límites, como la violación o el homicidio entre niños. Cuando los niños se convierten en jóvenes, la policía suele intervenir hasta en los casos de violencia entre compañeros.

De lo dicho se desprende un nuevo principio, a saber: *las instituciones sociales tienden a intervenir más conforme los niños se van haciendo mayores*.

Esta intervención de las autoridades sociales tiene unos ciertos efectos en la victimización. Así, por ejemplo, suele ser causa de que en la sociedad se conozca más el hecho. Las entrevistas, los juicios y las acciones disciplinarias suelen provocar que el niño recuerde más su experiencia y también pueden influir en su percepción de la justicia.

Pese a lo dicho, hay que constatar que se han tratado de identificar sin éxito los efectos negativos que, para el niño victimizado, puedan seguirse *sistemáticamente* de verse envuelto en un proceso judicial. Como mucho, parece que, cuando el proceso judicial alcanza una forma extrema, el niño puede ver retrasada su recuperación (Goodman, Taub, Jones, England, Port, Rudy y Prado, 1992; Runyan, Everson, Edelsohn, Hunter y Coulter, 1988), aunque ésta no parece empeorar como consecuencia del proceso (Oates, Lynch, Stern, O'Toole y Cooney, 1995).

6. Conclusiones

En este capítulo he intentado analizar los factores que influyen en las respuestas que, según sea la fase de desarrollo, los niños dan a la victimización de que han sido objeto. Los responsables de la salud mental deberían tratar de comprender la naturaleza de los procesos que determinan la forma y gravedad de estas respuestas, e idear formas adecuadas para prevenirlas y reducir su impacto.

Personalmente, yo sigo algunas normas en este contexto. Primero, animar a los niños para que revisen su experiencia y hablen de ella con una persona de su confianza, es decir con un padre o un consejero. Segundo, garantizar que los padres y otras personas importantes para el niño le ofrezcan protección, sin ridiculizarlo o responsabilizarlo de nada.

Lamentablemente, respecto a esto último, hay muchas cosas que no conocemos. Por ejemplo, hoy se duda de que sea conveniente tratar de tranquilizar a los niños diciéndoles que no fue culpa suya. Puede que no sea éste un buen consejo, pues sabemos que existen formas adaptativas de autoinculpación y que los niños perciben la culpa y la responsabilidad de formas distintas a diferentes edades. Queda mucho por hacer si queremos desarrollar estudios especializados de salud mental en el área de la victimización infantil. Hay que clarificar y contrastar diversas técnicas.

Por otro lado, hay que seguir sensibilizando a los profesionales de la salud mental acerca de la existencia de muchas formas de victimización infantil; a dichos profesionales, hoy no les pasan desapercibidos los malos tratos físicos y sexuales: se ha avanzado mucho en este terreno; pero, desgraciadamente, hay otros ámbitos como la violencia doméstica o la violencia en la escuela, en los que queda todavía un largo camino por recorrer.

En definitiva, les queda mucho por hacer a quienes tengan interés en esta área. Se trata de uno de los ámbitos principales en los que van a desarrollarse las prácticas de la salud mental en los años venideros para mejorar el bienestar infantil.

Referencias bibliográficas

Aboud, F. E. (1993): «The developmental psychology of racial prejudice», *Transcultural Psychiatric Research Review*, 30 (3), pp. 229-242.

Boney-McCoy, S. y Finkelhor, D. (1995): «The psychosocial impact of violent victimization on a national youth sample», *Journal of Consulting and Clinical Psychology*, 63 (5), pp. 726-736.

Bottoms, B. L. (1993): «Individual differences in perceptions of child sexual assault victims», en G. S. Goodman y B. L. Bottoms (eds.), *Child victims, child witnesses: Understanding and improving testimony*, Nueva York, Guilford Press, pp. 229-261.
Ceci, S. J. y Bruck, M. (1993): «Suggestibility of the child witness: A historical review and synthesis», *Psychological Bulletin*, 113 (3), pp. 403-439.
Cicchetti, D. (1989): «How research on child maltreatment has informed the study of child development: Perspectives from developmental psychopathology», en D. Cicchetti y V. Carlson (eds.), *Child maltreatment: Theory and research on the causes and consequences on child abuse and neglect*, Nueva York, Cambridge University Press, pp. 377-431.
— (1993): «Developmental psychopathology: Reactions, reflections, projections», *Developmental Review*, 13, pp. 471-502.
Conte, J. y Schuerman, J. (1987): «Factors associated with an increased impact of child sexual abuse», *Child Abuse & Neglect*, 11, pp. 201-211.
Eth, S. y Pynoos, R. S. (1985): *Post-Traumatic Stress Disorder in children: Progress in psychiatry*, Washington D.C., American Psychiatric Press.
Everson, M. D.; Hunter, W. M.; Runyan, D. K.; Edelsohn, G. A. y Coulter, M. L. (1989): «Maternal support following disclosure of incest», *American Journal of Orthopsychiatry*, 59, pp. 197-207.
Finkelhor, D. (1987): «The trauma of child sexual abuse: Two models», *Journal of Interpersonal Violence*, 2, pp. 348-366.
Finkelhor, D. y Asdigian, N. L. (1996): «Risk factors for youth victimization: Beyond a lifestyles theoretical approach», *Violence & Victims*, 11 (1), pp. 3-20.
Finkelhor, D. y Kendall-Tackett, K. (1997): «A developmental perspective on the childhood impact of crime, abuse and violent victimization», en D. Cicchetti y S. Toth (eds.), *Developmental perspectives on trauma: Theory, research and intervention*, Nueva York, Plenum Publishing.
Friedrich, W. N.; Grambasch, P.; Damon, L.; Hewitt, S. K.; Koverola, C.; Lang, R. y Wolfe, V. (1992): «Child Sexual Behavior Inventory: Normative and clinical comparisons», *Psychological Assessment*, 4, 3, pp. 303-311.
Gomes-Schwartz, B.; Horowitz, J. M.; Cardarelli, A. P. y Sauzier, M. (1990): «The aftermath of child sexual abuse: 18 months later», en B. Gomes-Schwartz, J. M. Horowitz y A. P. Cardarelli (eds.), *Child sexual abuse: The initial effects*, Newbury Park, CA, Sage, pp. 132-152.
Goodman, G. S.; Taub, E. P.; Jones, D. P. H.; England, P.; Port, L. K.;

Rudy, L. y Prado, L. (1992): «Testifying in court», *Monographs of the Society for Research in Child Development*, 57, p. 229.

Green, B. L.; Korol, M.; Grace, M. C.; Vary, M. G.; Leonard, A. C.; Gleser, G. C. y Smitson-Cohen, S. (1991): «Children and disaster: Age, gender, and parental effects on PTSD symptoms», *Journal of the American Academy of Child and Adolescent Psychiatry*, 30 (6), pp. 945-951.

Hashima, P. y Finkelhor, D. (en prensa): «Violent victimization of youth versus adults in the National Crime Victimization Survey», *Journal of Interpersonal Violence*.

Isquith, P. K.; Levine, M. y Scheiner, J. (1993): «Blaming the child: Attribution of responsibility to victims of child sexual abuse», en G. S. Goodman y B. L. Bottoms (eds.), *Child victims, child witnesses: Understanding and improving testimony*, Nueva York, The Guilford Press, pp. 203-228.

Kendall-Tackett, K. (1992): «Professionals' standards of "normal" behavior with anatomical dolls and factors that influence these standards», *Child Abuse & Neglect*, 16 (5), pp. 727-733.

Lonigan, C. J.; Shannon, M. P.; Taylor, C. M.; Finch, J., A.J. y Sallee, F. R. (1994): «Children exposed to disaster: II. Risk factors for the development of post-traumatic symptomatology», *Journal of the American Academy of Child and Adolescent Psychiatry*, 33 (1), pp. 94-105.

Maccoby, E. E. (1983): «Social-emotional development and response to stressors», en N. Garmezy y M. Rutter (eds.), *Stress, coping, and development in children*, Nueva York, McGraw-Hill, pp. 217-234.

March, J. S. y Amaya-Jackson, L. (1993): «Post-Traumatic Stress Disorder in children and adolescents», *PTSD Research Quarterly*, 4 (4), pp. 1-2.

Miller, T. R.; Cohen, M. A. y Wiersema, B. (1996): *Victim costs and consequences (Research report 90-IJ-CX-0050)*, Washington D.C., National Institute of Justice.

Nightingale, N. N. (1993): «Juror reactions to child victim witnesses», *Law and Human Behavior*, 17 (6), pp. 679-694.

Oates, R. K.; Lynch, D.; Stern, A. E.; O'Toole, B. I. y Cooney, G. (1995): «The criminal justice system and the sexually abused child: Help or hindrance?», *The Medical Journal of Australia*, 162, pp. 126-130.

Pynoos, R.; Goenjian, A.; Tashjian, M.; Karakashian, M.; Manjikian, R.; Manoukian, G.; Steinberg, A. y Fairbanks, L. (1993): «Post-traumatic stress reactions in children after the 1988 Armenian earthquake», *British Journal of Psychiatry*, 163, pp. 239-247.

Pynoos, R. y Nader, K. (1988): «Children who witness the sexual assault of their mothers», *Journal of the American Academy of Child and Adolescent Psychaitry*, 27, 5, pp. 567-572.

Pynoos, R.; Sorenson, S. y Steinberg, A. (1993): «Interpersonal violence and traumatic stress reactions», en L. Goldberger y S. Breznitz (eds.), *Handbook of stress: Theoretical and clinical aspects*, 2.ª ed., Nueva York, Free Press, pp. 573-590.

Pynoos, R.; Steinberg, A. M. y Wraith, R. (1995): «A developmental model of childhood traumatic stress», en D. Cicchetti y D. Cohen (eds.), *Manual of developmental psychopathology Vol. 2, Risk, Disorder and Adaptation*, Nueva York, John Wiley, pp. 72-95.

Runyan, D. K.; Everson, M. D.; Edelsohn, G. A.; Hunter, W. M. y Coulter, M. L. (1988): «Impact of legal intervention on sexually abused children», *Journal of Pediatrics*, 113, pp. 647-653.

Runyan, D. K.; Hunter, W. M.; Everson, M. D.; De Vos, E.; Cross, T.; Peeler, N. y Whitcomb, D. (1992): *Maternal support for child victims of sexual abuse: Determinants and implications (Grant Proposal 90-CA-1368)*, Chapel Hill, NC, University of North Carolina at Chapel Hill and Educational Development Center Inc.

Rutter, M. (1988): «Epidemiological approaches to developmental psychopathology», *Archives of General Psychiatry*, 45, pp. 486-495.

Saarni, C. (1993): «Socialization of emotion», en M. Lewis y J. M. Haviland (eds.), *Handbook of emotions*, Nueva York, Guilford Press, pp. 435-446.

Schwartz, D.; Dodge, K. A. y Coie, J. D. (1993): «The emergence of chronic peer victimization in boys' play groups», *Child Development*, 64, pp. 1755-1772.

Shirk, S. R. (1988): «The interpersonal legacy of physical abuse of children», en M. B. Straus (ed.), pp. 57-81.

Snyder, H. N. y Sickmund, M. (1995): «Juvenile offenders and victims: A national report», Washington D.C., Office of Juvenile Justice and Delinquency Prevention.

Sroufe, L. A. y Rutter, M. (1984): «The domains of developmental psychopathology», *Child Development*, 55, pp. 17-29.

Capítulo 9

PREVENCIÓN Y TRATAMIENTO*

por David Finkelhor

---

* Versión española de Helen Blundell

Capítulo 9

PREVENCIÓN Y TRATAMIENTO

por David Finkelhor

1. **Introducción**

Pese al relativo abandono y, en ocasiones, menosprecio en que se encuentra el estudio sobre la victimización infantil, una de sus formas no ha sido ni mucho menos desatendida o minimizada: el abuso sexual. Por el contrario, este tema ha adquirido durante la última década en Estados Unidos el rango de problema social gracias, sobre todo, al incremento del nivel de concienciación de la sociedad. Por su notoriedad, el abuso sexual ha sido el vehículo que nos ha permitido adentrarnos en este ámbito para, así, entender mejor muchos aspectos relativos a la victimización infantil y también sobre las políticas de apoyo a las víctimas infantiles, así como las limitaciones de las mismas. De hecho, al final de esta década, en la que se ha profundizado en el estudio del abuso sexual infantil, hemos alcanzado una mejor visión del conjunto. Sin embargo, nuestro conocimiento es todavía escaso y defectuoso tanto en la teoría como en la práctica. Por ello, quizás necesitemos dar un paso atrás para reconsiderar algunas cuestiones relativas a este problema.

2. **Origen de la concienciación social en torno al abuso sexual**

Para entender los antecedentes de esta concienciación necesitamos revisar los orígenes de nuestro conocimiento sobre el problema del abuso sexual infantil. Esta cuestión nació en medio de un conflicto político y cultural. No fue, como sucedió con otros muchos aspectos referidos al bienestar del niño o a la salud mental infantil —por ejemplo, el conocimientos sobre el abuso físico o el síndrome de alcoholismo fetal—, algo que surgiera a partir del trabajo de los investigadores médicos y de profesionales reconocidos, sino que comenzó a manifestarse gracias al movimiento de mujeres, su toma de conciencia y su apoyo a las víctimas de violación. Los primeros pasos en este campo se dieron a raíz del trabajo de aficionados y escritores, pero, cuando llegó a la salud pública y al campo de la salud mental, encontró un fuerte escepticismo y resistencia. Muchos, entonces, dudaron de que fuera un problema acuciante, o lo vieron como algo freudiano que carecía de importancia real. En mi opinión, el hecho de que el problema del abuso sexual superara esta resistencia inicial y llegara a ser aceptado por la comunidad científica constituye una de las primeras revoluciones populares que han tenido éxito en el campo de la salud mental. A diferencia del modo como los nuevos tópicos se desarrollan en esta área, fueron los pacientes o los potenciales usuarios del sistema de salud mental quienes presionaron para que el abuso sexual fuera reconocido dentro de la profesión. Así, se puso de manifiesto una nueva relación histórica entre los profesionales de la salud mental y la comunidad de legos.

3. **El paradigma convencional de la investigación del abuso sexual**

Así, gran parte de la investigación sobre el abuso sexual infantil se centró en vencer el escepticismo que este tema suscitaba. La tendencia de muchas de las primeras investigaciones fue la de demostrar que el abuso sexual era, en efecto, un trauma en el desarrollo del individuo. En esta investigación, el argumento más convincente era la existencia de correlaciones estadísticas significativas entre una experiencia de abuso sexual y toda la panoplia de problemas psiquiátricos y sociales que la opinión pública —y, particularmente, los principales investigadores de la salud mental— consideraban verdaderamente serios, tales como la depresión, el abuso de sustancias, los trastornos disociativos, el trastorno de estrés postraumático, los embarazos en la adolescencia, trastornos en la alimentación, etc. Estas correlaciones, claras y significativas, se establecieron con gran facilidad. Algunos de estos sorprendentes hallazgos se pueden ilustrar gracias al primer estudio epidemiológico comunitario (Los Ángeles, *Epidemiological Catchment Area Study*, Stein, 1998, p. 263). A esta investigación le siguieron innumerables estudios de similares características sobre poblaciones clínicas y no clínicas.

Si nos detenemos a revisar esta documentación, e incluso si leemos mensualmente uno de estos estudios durante diez años, es fácil quedarse con la impresión de que el abuso sexual debería explicar prácticamente todo. Sabemos que, generalmente, se asocia con todo lo malo como si fuera el gran responsable.

No obstante, de esta idea a concebir un único tipo de tratamiento para todos los casos tan sólo hay un paso: «Alguien parece tener problemas crónicos en su vida. Hay que encontrar sus experiencias de abuso sexual, adentrarse en ellas, trabajarlas. A lo mejor su problema se esclarecerá.» Ésta parece una idea simplista, pero no está lejos de la orientación que algunos profesionales de Estados Unidos han adoptado, consciente o inconscientemente. Y funciona lo bastante bien como para aliviar a los pacientes, ya que nada refuerza tanto como el éxito, aunque éste sea intermitente.

Hay otro factor que puede ayudar a esclarecer el aumento de la importancia de la teoría del abuso sexual: la resurrección del modelo de los *sucesos traumáticos* en psicopatología. Hasta hace diez años, los estudiosos de la salud mental consideraban a la psicopatología principalmente en términos de distorsiones a largo plazo del proceso de socialización, producidas por hechos tales como ser rechazado por la madre, recibir mensajes contradictorios («sé fuerte», «no me provoques»), o ser el niño que adopta el rol de padre de familia *(parentified child)*. El modelo de los sucesos traumáticos ha sido en gran parte secundario respecto de la corriente principal de la salud mental. Aun así, la identificación del trastorno de estrés postraumático y su aceptación en la nosología psiquiátrica oficial ha dado un nuevo y considerable énfasis a los acontecimientos traumáticos —el *shock* de la guerra, el trauma de la violación y los efectos de los desastres naturales—. Este cambio puede haber tenido sus raíces en la búsqueda de causas que fueran relativamente susceptibles de un tratamiento rápido y directo. El abuso sexual, al ser conceptualizado como un acontecimiento traumático, más incluso que el abuso físico o el abandono, consiguió una gran atención porque encajó en este modelo.

El abuso sexual, que en la generación anterior no había sido tenido en cuenta en el ámbito de la salud mental, ha pasado a ser hoy el foco de muchas investigaciones y planteamientos clínicos referidos a las fuentes de la psicopatología.

Ahora estamos avanzando. Así pues, ¿qué ha cambiado?

4. El abuso sexual y sus antecedentes adversos

Normalmente, el abuso sexual no es fruto de la casualidad. Con mucha frecuencia se da en niños que han sufrido otras adversidades: maltrato emocional, otros tipos de abuso, una relación con los padres inadecuada, la existencia de conflictos y privaciones, sexismo, etc. Esto sucede por varias razones. Por un lado, la existencia de agresores en el entorno familiar o social, asociada a otros problemas, como el abuso de alcohol, los conflictos interpersonales, los maltratos a la esposa, los problemas psiquiátricos y el estrés social (Finkelhor, 1979, p. 162). Estas patologías sociales y familiares a menudo facilitan la aparición de los agresores o los impulsan a actuar. En segundo lugar, los niños que han sido víctimas de abuso sexual son, por lo general, niños que han sufrido privaciones —sus padres los han ignorado, han abusado física o emocionalmente de ellos o de otros niños o miembros de la familia— o se han visto inmersos en un conflicto familiar (Finkelhor, 1979, p. 162). Actualmente, muchos estudios han demostrado que los padres que abusan de sus hijos suelen ingerir sustancias tóxicas, padecen problemas psiquiátricos, tienen peleas maritales, o son padres muy punitivos y distantes. Por sí solas, estas condiciones originan daños psicológicos, pero también ponen al niño en situación de riesgo porque son escasamente atendidos a la vez que están condicionados a aceptar la violencia y la victimización, y se vuelven vulnerables a las estrategias de los agresores —quienes les ofrecen atención y afecto a cambio de sexo—. De este modo, muchos niños que han sufrido abuso sexual han sido psicológicamente dañados antes incluso de que éste se produzca. En un estudio en el que entrevistamos dos veces a lo largo de un período de 18 meses a una muestra representativa compuesta por 2.000 niños estadounidenses entre 10 y 16 años, pudimos comprobar que el 45 por ciento de los que manifestaban haber sido objeto de abusos sexuales por primera vez entre la primera y la segunda entrevista ya estaban deprimidos con anterioridad. También observamos que únicamente el 16 por ciento del resto de niños se habían deprimido, lo que significa que el estar deprimido conlleva un riesgo cuatro veces mayor de ser víctima de abuso sexual. Este hecho da idea de cómo un problema psicológico puede predeterminar el abuso sexual y de cuánto de lo que inicialmente se atribuye al abuso puede ser, en realidad, resultado de alguna conducta o hecho que se produzca con anterioridad al mismo.

La consecuencia inmediata es que, cuando preguntamos a un adulto si sufrió abuso durante su infancia y la respuesta es «sí», podemos asociar este hecho a un conjunto de factores negativos que se produjeron durante su niñez y que rodearon al abuso sexual. De la misma forma, cuando determinados problemas que se producen en la edad adulta se asocian al hecho de haber sufrido abuso sexual, no debemos tener únicamente en cuenta ese abuso, sino todos aquellos factores que con frecuencia lo acompañan y que pueden incluir otras formas de maltrato, negligencia o privaciones.

Por lo tanto, el trauma del abuso sexual está asociado a otras fuentes de dolor. Tanto es así que, con frecuencia, los que han sufrido abuso sexual hablan también de una madre que no les escuchaba, de un padre punitivo y violento o de un ambiente social cerrado. Y en efecto, cuando los investigadores tratan de controlar estos factores descubren cómo las correlaciones estadísticas entre el abuso sexual infantil y los problemas durante la edad adulta dejan de ser significativas, y, en algunos casos, desaparecen totalmente. Esta idea quedó ilustrada magistralmente en el estudio neozelandés *Du-*

denin, realizado a 2.250 mujeres, en el que, al controlar los antecedentes como el maltrato físico, los cambios frecuentes de domicilio familiar y la separación o los problemas psiquiátricos de los padres, se observó cómo el riesgo de sufrir efectos a largo plazo (problemas de tipo sexual, divorcios, etcétera) disminuía considerablemente y el riesgo de ser madre soltera no era significativo.

El citado estudio estaba interesado en comprobar cómo interactúan el abuso sexual y estos otros problemas. A través de esta investigación se pudo observar que el abuso sexual sólo afectaba a las mujeres si éstas habían tenido antecedentes adversos, como haber sufrido abandono, haber tenido unos padres excesivamente rígidos o haber vivido el divorcio de sus progenitores, así como en el caso de aquellas mujeres que habían sufrido abuso sexual grave con penetración. Entonces, cualquier tipo de abuso sexual parecía predecir dificultades en la edad adulta.

Esto indica que no debemos atribuir todos estos efectos negativos a la experiencia del abuso sexual.

5. La cascada de efectos negativos del abuso sexual

Es interesante comprobar que el abuso sexual no tiene unos efectos negativos inmediatos sobre los niños, como sucede, por ejemplo, con la polio, enfermedad propia de la infancia que causa lesiones físicas que perduran durante el resto de la vida. Es cierto que en el caso del abuso pueden quedar unas cicatrices psicológicas indelebles, pero, si el niño no volviera a padecerlo, probablemente se cerraría esa herida. Lo que parece cierto es que, como en una maldición, aquellas personas que han padecido abusos sexuales sufren unas vejaciones traumáticas adicionales en una proporción tan alarmante, que acaban arrastrando el trauma original y a veces hasta añaden secuelas de índole psicológica. Y esto sucede durante toda la vida.

Así, por ejemplo, las personas que han sufrido abuso sexual son más proclives a tener embarazos no deseados, a contraer enfermedades venéreas, a que su pareja abuse de ellos, a sufrir un descenso en su situación económica y, en general, a padecer agresiones sexuales o físicas durante el resto de su vida (Browning, 1995, p. 833).

No obstante, cuando te encuentras con alguien que abusa del alcohol o las drogas y tiene síntomas de ansiedad o depresión y, más tarde, descubres que durante su infancia fue objeto de abuso sexual, no tienes por qué pensar inmediatamente que todos esos problemas son fruto de aquella experiencia. Los antecedentes de su situación podrían ser mucho más inmediatos y estar, por ejemplo, en un matrimonio deteriorado o en el hecho de haber sido recientemente víctima de algún delito, hechos que sí pueden estar relacionados con el abuso sexual padecido durante la infancia, ya que hacen a la persona más vulnerable a sufrir otras adversidades. Sin embargo, de no producirse estas adversidades, la víctima llevaría una vida normal.

Cuando los estudios consideran estos últimos sucesos ocurridos en la vida del individuo, las correlaciones estadísticas entre abuso y problemas en la vida de adulto no aparecen o decrecen sustancialmente. Por ello, estos sucesos han sido denominados mediadores, porque median entre el abuso sexual y la psicopatología posterior del individuo.

6. **La realidad de la recuperación**

La realidad de la recuperación es otro aspecto complejo del impacto a largo plazo del abuso sexual, ya que gran parte de las investigaciones presentan sus efectos como un catecismo cuando asocian el abuso sexual a desórdenes disociativos, ansiedad, depresión, abuso de sustancias, trastornos en la alimentación, disfunción sexual y trastornos de estrés postraumático, con lo que sufrir efectos a largo plazo —consecuencia del abuso sexual— parece algo inevitable. Pero lo cierto es que se trata de probabilidades estadísticas y no de efectos inevitables y, en este caso, las probabilidades estadísticas no son tan abrumadoras. Éste es otro caso en el que podríamos decir que la botella está medio llena o medio vacía.

No obstante, debemos tener en cuenta que los que han padecido abuso sexual tienen un riesgo tres veces mayor de sufrir depresión, aunque el 85 por ciento de ellos no se encuentren normalmente deprimidos (Stein, 1998, pág. 263), un riesgo 14 veces mayor de desarrollar alguna fobia, aunque el 93 por ciento no manifiesten de hecho ninguna fobia, y casi nunca nadie dice que el 77 por ciento de los que han sufrido abuso sexual no tienen diagnóstico psiquiátrico.

Existen casos de personas que se desenvuelven con normalidad a pesar de haber sufrido abuso sexual. Sabemos que esto es posible. Por ello, deberíamos adoptar una perspectiva más conforme a esta realidad que nos permita animar a los supervivientes. Para ello, hemos de recordar que todos somos vulnerables a la «falacia clínica» a la que antes hacíamos referencia y que nuestro punto de vista está sesgado por nuestra experiencia profesional, que nos lleva a prestar mayor atención a los que no consiguen mejorar que a los que lo hacen y se recuperan.

Como ejemplo de esto se me ocurre una historia que transcurrió en la famosa ciudad de los cuentos judíos de Chelm. Los ciudadanos de esta población tenían fama de bobalicones. Un día, un chelmita vio a un viejo amigo en la calle: «Hola, Max, ¿cómo estás?», le preguntó, y luego, mirándole a la cara, le dijo: «¡Oh Max!, ¿qué te ha pasado? Parece que has envejecido veinte años; se te ha caído el pelo, has perdido quince kilos, la espalda se te ha curvado, caminas con bastón... ¿qué ha pasado?» El hombre, entonces, le respondió: «Disculpe, señor, pero yo no soy Max», y el chelmita, aturdido, le espetó: «¡Dios mío!, si hasta te has cambiado el nombre.»

Al respecto, cabría señalar que, una vez tenemos una concepción pesimista sobre algo, solemos resistirnos a aceptar cualquier información que contradiga esa idea.

7. Factores que facilitan la recuperación

Además de evaluar un conjunto de datos sobre los problemas que acarrea el abuso sexual y su diagnóstico, nuestra investigación también quiere ser un análisis de los aspectos que pueden ayudar a la recuperación, especialmente de aquellos elementos sobre los que podamos centrar nuestra intervención. Una vez más, algunas de las mejores ideas al respecto provienen del estudio neozelandés *Dunedin*, donde se analizan una lista de sucesos vitales que pueden incidir en la recuperación de aquellas personas que han sido objeto de abuso sexual, amortiguando o aumentando sus efectos. Los resultados no fueron particularmente sorprendentes, pero resaltan algunos aspectos de los efectos a largo plazo que otras investigaciones obvian.

De este modo, por ejemplo, si una mujer que había sufrido abusos sexuales decía que su etapa en el instituto fue positiva, el riesgo de padecer problemas psiquiátricos en la edad adulta se reducía en, al menos, el 60 por ciento. En general, aquellas mujeres que afirmaban haber disfrutado de la vida escolar lo hacían porque se habían sentido competentes en alguna de estas tres áreas: la académica, la social o la deportiva. Este descubrimiento puede resultar potencialmente muy útil, ya que de él podemos extraer una conclusión: deberíamos comprometernos a mejorar las experiencias escolares de aquellos niños que han sido víctimas de abuso sexual.

Otra experiencia que puede amortiguar los efectos del abuso sexual es la de tener una buena relación con el padre. Aunque la mayoría de los casos de abuso sexual no son del tipo incestuoso padre-hija, sí son cometidos por hombres. Por ello, resulta obvio pensar que una buena relación con el padre puede ayudar mucho a la rehabilitación del adolescente. Por otro lado, tener una relación positiva con otros adolescentes tiene un efecto similar sobre la autoestima de la víctima, pero no sobre los trastornos de tipo psiquiátrico.

El estudio también puso de relieve cómo ciertas experiencias en la vida adulta ayudan a la recuperación. Por ejemplo, en el caso de aquellas víctimas de abuso sexual que han tenido un confidente habitual, el riesgo de sufrir trastornos psiquiátricos se reduce de un 90 a un 17 por ciento. Asimismo, un matrimonio en el que la mujer se sienta segura o un trabajo bien remunerado es también un factor positivo para la recuperación. En conclusión, podríamos decir que existen sucesos que se producen en la vida adulta de las víctimas que facilitan su recuperación.

8. El tratamiento que realmente necesitan los niños

Del mismo modo, una actitud pesimista puede alejarnos de la consecución de nuestro objetivo; es decir, de impartir y determinar el tratamiento que realmente necesitan los niños víctimas de abuso sexual. Uno de los descubrimientos más sorprendentes e interesantes de las últimas investigaciones en torno a los programas de tratamiento es el de que muchos de los niños que han sufrido abuso sexual no presentan ninguna sintomatología (Finkelhor, 1995). En algunos casos, este índice puede elevarse hasta el 40 por ciento de los niños víctimas de abuso sexual. Hasta la fecha no sabemos a qué se debe este hecho. No obstante, entre las posibilidades que se barajan podríamos señalar que el impacto del abuso sobre estos niños se retrasa en el tiempo o se manifiesta de modo muy sutil. Así, puede ser que los síntomas de ese abuso no aparezcan hasta pasado un tiempo, o que estos niños hayan superado bastante bien la experiencia. Sin embargo, nuestra falta de objetividad y prejuicios nos impiden aceptar este hecho sin más.

Otro aspecto a tener en cuenta es que los niños víctimas de abuso sexual son algo anómalos en el campo de la salud mental. Estos niños no reciben tratamiento por los mismos motivos que el resto de niños, es decir, a causa de unos síntomas determinados —por ejemplo, los conocidos como «síntomas del ajo» o mal comportamiento (molesto para otras personas), o los «síntomas de la cebolla», fobias y depresiones, que resultan molestas para uno mismo—. Pero los niños que han sufrido abuso sexual no acuden a la terapia porque se sientan o comporten mal, sino, simplemente, porque les ha ocurrido algo. Con mucha frecuencia, los padres y, en general, los responsables de estos niños les llevan a la terapia porque están preocupados por los efectos que sobre estos niños puede tener el abuso sexual y quieren tranquilizarse, y no porque tengan evidencias de que ese abuso, efectivamente, haya traumatizado al niño.

Todavía no sabemos qué hacer con estos niños que no presentan síntomas, ya que sabemos lo suficiente sobre el abuso sexual como para estar preocupados y no pensar que, simplemente, todo va bien. Puede que ellos nieguen su problema, pero de este hecho no debemos deducir que lo hagan porque no tengan secuelas. Tampoco debemos pensar que hay algo malo en ellos. Quizás simplemente necesiten unas palabras de apoyo y algunas estrategias que permitan identificar cuándo necesitan este apoyo y cómo recurrir a él.

9. Implicaciones para las futuras investigaciones

Lo anteriormente expuesto tiene unas implicaciones tanto para los investigadores como para los profesionales clínicos. En cuanto a los investigadores, éstas serían mis recomendaciones:

1. Debemos dejar de hacer lo que podríamos denominar estudios de un solo factor, esto es, estudios que solamente comprueban si alguna población clínica o problemática tiene un número inusualmente alto de experiencias de abuso sexual. A priori, y en este caso, casi podría garantizar que lo tienen.

2. Deberíamos obtener una información más exhaustiva acerca de otras experiencias negativas que se hayan producido en la infancia, la adolescencia o en la edad adulta de las víctimas. Se trata de intentar descubrir si hubo —o hay— otras formas de abuso y negligencia, si las habilidades paternas para resolver conflictos eran las adecuadas, o si se produjeron otro tipo de conflictos, malos tratos o victimización. Deberíamos, incluso, ser capaces de realizar una evaluación retrospectiva para obtener información sobre el momento en el que estos problemas se produjeron para poder relacionarlos con el abuso sexual.

3. Deberíamos también cuantificar pormenorizadamente el número de los que han padecido abuso sexual que se están recuperando positivamente y cuántos lo hacen de un modo deficiente. Sobre este tema, tenemos que estar seguros de que nuestros informes contemplen un número suficiente de supervivientes de abuso sexual que no tienen problemas clínicamente significativos.

4. Finalmente, como aspecto más importante, deberíamos formular y comprobar las hipótesis relativas a cómo el

abuso sexual deteriora al individuo, e interfiere y genera problemas sociales y trastornos mentales durante las etapas posteriores de la vida. Para ello es imprescindible buscar los mecanismos mediadores, las experiencias vitales que le afectan, así como los cambios afectivos y cognitivos que se producen en los supervivientes si queremos intervenir sobre ellos decisivamente.

10. Los mediadores del impacto del abuso sexual

Existen dos modelos teóricos que intentan explicar el trauma producido por el abuso sexual. Uno de ellos ha tratado de argumentar que existe un núcleo de procesos traumáticos que explican la mayoría de los efectos a largo plazo. De este modo, Chris Bagley ha indicado que el abuso sexual deteriora la autoestima y que la baja autoestima es la que suscita un bajo rendimiento escolar y un escaso éxito en el trabajo. Además, hace a los supervivientes vulnerables a la manipulación y a la agresión sexual, y provoca que éstos se contenten con esposos de «menor calidad», etc. (Bagley, 1986, p. 259).

Por su parte, Polusiny y Follete argumentan que el deterioro principal que provoca el abuso sexual es la tendencia a evitar todo aquello que resulta doloroso, que es lo que subyace en las conductas disociativas, el abuso de sustancias, las actividades sexuales compulsivas, los trastornos en la alimentación y la tendencia a autolesionarse. Para Alexander, el daño principal se produce en el área de la afectividad, y para Andrews, en el área de la vergüenza. Ésta es, en definitiva, una de las líneas teóricas.

El otro enfoque —que yo comparto— cree que el abuso sexual da lugar a una amplia variedad de efectos no específicos, que suelen variar mucho de un caso a otro (Kendall y Tackett, 1993, p. 41). Estos efectos negativos incluyen el desarrollo sexual precoz, los complejos, la vergüenza, la decepción y falta de confianza en los demás, la baja autoestima, el estrés postraumático, un estilo disociativo, etc. Por ejemplo, en el modelo que yo propongo, en el que intervienen cuatro fuerzas traumagénicas (generadoras de traumas) (Finkelhor, 1985, p. 93), entiendo por «fuerzas» un conjunto de efectos que, a modo de perchas en un armario, nos permiten organizar esos traumas, algunos de los cuales he catalogado. Es un acercamiento de «mecanismos múltiples».

Esta investigación se enfrenta directamente al otro enfoque, que da mayor importancia al trauma central. Nosotros, en cambio, no examinamos los efectos del abuso sexual como un conjunto cerrado, sino que los consideramos como un grupo más amplio de efectos de diversa índole. Por ello, prestamos la misma consideración a las víctimas de abuso sexual y a aquellas que han padecido otro tipo de maltrato grave durante su infancia.

Por otro lado, este enfoque carece de una investigación teórica amplia, y, por el momento, tampoco disponemos de suficientes estudios sistemáticos sobre los sutiles daños intrapsíquicos. Hasta la fecha, hemos buscado principalmente lesiones, deterioros y síntomas de carácter muy grave. A este nivel, muchas veces los traumas parecen ser similares, y por ello es muy difícil diferenciar entre sus distintos tipos, pero ésta es la dirección que debemos tomar en nuestras investigaciones; es decir, debemos esclarecer dónde se encuentran los daños específicos del abuso sexual (llegando al origen mismo de esos síntomas y de la conducta problemática que provocan) y mostrar que esos daños psicológicos realmente existen entre los supervivientes que manifiestan estos problemas.

Un ejemplo de alguien que ha trabajado en esta dirección y que ha obtenido resultados interesantes es David Lisak, de la Universidad de Massachusetts, quien ha reunido la información de las diferentes teorías en torno a la socialización masculina que se maneja en la actualidad, así como los descubrimientos sobre la transmisión intergeneracional del abuso, teniendo en cuenta que son los hombres y no las mujeres los que normalmente cometen abuso sexual.

Al respecto, Lisak señala que, cuando se abusa sexualmente de un niño, se están frustrando muchas de las expectativas que se tienen en torno al rol que desempeña el sexo masculino en nuestra sociedad. Así, se supone que los varones no son víctimas, y que no piden ayuda y no hablan de su dolor, por lo que el niño que ha sufrido abuso se enfrenta a un dilema. Algunos lo resuelven aceptando la socialización convencional y muestran un estilo de comportamiento esquivo: niegan el dolor, no hablan de él e intensifican su esfuerzo para acoplarse al modelo masculino que conocen, especialmente ante la posibilidad de ser tachados de desviados a causa del abuso que han padecido. Otros chicos, sin embargo, tratan este conflicto de forma diferente y cuestionan o redefinen el rol masculino. En definitiva, el sentimiento de ser diferente les empuja a redefinirse en relación con las normas que impone la asunción de ese rol masculino y, al hacerlo, experimentan dolor, procesan la experiencia y, algunas veces, buscan ayuda.

Lisak también indicó que aquellos hombres que fracasan a la hora de superar el conflicto sobre el rol masculino serán los que mayor probabilidad tengan de convertirse en perpetradores del abuso sexual, en parte a causa de su adhesión a estas normas que le dificultan la recuperación y el empatizar con las víctimas.

De este modo, en un estudio sobre estudiantes universitarios varones se detectó que las víctimas que más tarde se convertían en perpetradores de abuso sexual eran aquellos que alcanzaban puntuaciones más altas en la llamada *Escala de Estrés del Rol de Género,* que mide la ansiedad que les genera a los hombres su propia expresión de los sentimientos, la inadecuación física, estar subordinado a las mujeres o fracasar en su vida. En otras palabras, los varones que tenían puntuaciones más altas en la mencionada escala eran aquellos que estaban más preocupados ante el hecho de no alcanzar los patrones masculinos convencionales. Resulta interesante constatar cómo los hombres que habían sido víctimas de abuso sexual y que después no se habían convertido en perpetradores del mismo obtenían en esta escala unos resultados más bajos incluso que aquellos que no habían padecido abuso sexual. En este caso, el abuso les había forzado a no responder a las expectativas masculinas que el proceso de socialización les imponía y a aprender a tolerar esa desviación del rol masculino a través de normas alternativas.

Esta teoría tiene un gran valor porque nos da una pista sobre cómo se podría facilitar la recuperación de las víctimas de abuso y cómo prevenir que otros se conviertan en abusadores. Éste es un ejemplo de cómo se pueden plantear e incluso medir los mecanismos psicológicos que actúan como mediadores.

11. Implicaciones para los profesionales

Las implicaciones para los profesionales de la práctica clínica relacionada con el tratamiento del abuso sexual se podrían cifrar en dos:

1. La estrategia utilizada con los adultos puede resultar muy gratificante para el terapeuta y el paciente. En el caso del terapeuta, porque el descubrimiento del abuso «te hace sentirte muy listo» y, en el caso de los pacientes, porque se sienten liberados y son capaces de hablar de aquella experiencia, recordarla o incluso apoyarse en ella para explicar sus actuales problemas.

No obstante, debemos tener en cuenta que este enfoque puede no funcionar por igual con todas las personas. Además, no debe convertirse en el sustituto de una terapia más compleja, ya que, en algunos casos, podría ser contraproducente.

Para comprender la complejidad del impacto del abuso sexual, los profesionales deberían ampliar su foco de atención para analizar todos los aspectos de la vida del sujeto que les sea posible y no sólo la experiencia de abuso sexual. Esto les permitirá comprender el contexto y otros daños que puedan haberse producido.

2. En segundo lugar, los profesionales deberían dirigir su atención al mayor número de áreas posibles, además del abuso sexual, ya que éste puede no ser la llave que abra todo lo demás. No se debería descartar *a priori* a los pacientes que niegan que el abuso sexual sea la fuente principal de sus problemas porque podrían estar en lo cierto. Incluso en el caso de aquellos pacientes que son tratados únicamente a causa del abuso sexual, en ocasiones puede resultar beneficioso dirigir la atención a otros hechos. Hay un gran número de investigaciones que afirman que puede resultar más eficaz tratar el problema tal y como se presenta que profundizar en la historia del paciente.

Así pues, los terapeutas deben ser cautos. Recuperar los recuerdos del abuso sexual como aspecto central de la terapia es, probablemente, un error que cada vez más se considera una práctica terapéutica pobre.

12. El impacto del abuso sexual en el contexto histórico y social

De este modo, los terapeutas, los investigadores y la sociedad en general deben actuar con cautela. Incluso yo mismo he de ser cauto. El hecho es que mucho de lo que hemos aprendido como investigadores y como clínicos, e incluso mucho de lo que aquí he escrito, se está quedando obsoleto no como consecuencia del cambio en el conocimiento, sino a causa del cambio en el contexto social. Al respecto, cabe señalar que muchos de los supervivientes del abuso sexual que hemos estudiado y tratado durante los últimos quince años —los sujetos de prácticamente la totalidad de nuestras investigaciones y experiencias clínicas— eran personas que, tras padecer el abuso sexual, crecieron en un contexto de secretismo e ignorancia sobre su problema. Este contexto ha sido un factor crucial a la hora de desentrañar cómo ese trauma ha influido en sus vidas: en cuanto a su apreciación, al hecho de sentirse diferentes, a la vergüenza de ocultar ese secreto, al aislamiento, etc. Todos esos factores se convierten en una fuente de dolor y sufrimiento adicional.

Sin embargo, durante los últimos diez años, en Norteamérica —y cada vez más en el resto del mundo—, el abuso sexual se ha convertido en un problema de toda la sociedad. Al respecto, en un estudio reciente, dos tercios de los niños estadounidenses afirmaron haber recibido información sobre el abuso sexual como parte de su educación escolar; la mitad dijeron que sus padres les habían hablado de ello; el tema del abuso sexual había recibido gran atención por parte de los medios de comunicación y el número de denuncias, en consecuencia, se disparó.

De este modo, la actual generación de niños víctimas de abuso —los que han crecido durante los últimos diez años— han vivido en un contexto social muy diferente. En su caso, es más probable que hayan oído hablar del abuso y que, en caso de padecerlo, éste sea descubierto, que consigan información que les ayude a entender lo sucedido y que conozcan a otros con su misma experiencia. Esto supone un enorme cambio en cuanto al contexto, que podría tener efectos en el impacto a largo plazo del abuso.

En un estudio reciente sobre el maltrato infantil, Mannarino y Cohen descubrieron que la sensación de ser creídos es uno de los mejores mecanismos para predecir si los niños víctimas de abuso sexual manifestarán un año después algún síntoma. Si los niños de la generación presente se sienten mucho más creídos y comprendidos que los de la generación pasada —y esto es más que probable—, entonces, el alcance general y la dinámica del impacto del abuso puede, de hecho, haber cambiado mucho.

El mencionado cambio muestra algún paralelismo con lo que ocurrió en el campo de los trastornos sexuales en la década de los sesenta. Después de que vieran la luz pública un gran número de investigaciones que aparecieron en toda clase de publicaciones y de que la sociedad cambiara su punto de vista al respecto, los terapeutas comenzaron a tratar muchos menos casos de disfunciones sexuales simples, como la eyaculación precoz o la anorgasmia —problemas muy extendidos y con un tratamiento inmediato—. La gente, entonces, se recuperaba de estos problemas por sí misma (o, al menos, sin recurrir a profesionales), con la ayuda del conocimiento que tenían al alcance de la mano. A partir de ese momento los terapeutas comenzaron a tratar desórdenes más complejos; es decir, problemas sexuales que hundían sus raíces en matrimonios disfuncionales o en un pasado repleto de abusos. Estos casos eran mucho más difíciles de tratar.

Podemos encontrar algún paralelismo entre los cambios que se han producido en el campo de los trastornos sexuales y del abuso sexual. Así, por ejemplo, como resultado de un nuevo contexto social más sensibilizado, tanto en la práctica clínica como en nuestra investigación, vemos menos casos de los considerados traumas simples de abuso sexual (supervivientes para los cuales la experiencia del abuso es la fuente principal del trauma). Este hecho puede ser la consecuencia de una recuperación más rápida o, simplemente, de una menor turbación en el clima cotidiano de aquellos en los que el abuso sexual no se vio complicado por una patología familiar grave. En estos casos, la mayor concienciación pública, la reducción de estigmas y la mayor habilidad que, en general, existe para pedir y recibir ayuda, puede ser la clave de que ello ocurra. Pero lamentablemente, al mismo tiempo nos encontramos con muchos casos de abuso sexual complejos que se entremezclan con otras patologías de la familia y, en estos casos, el cambio en el contexto social no tiene los efectos beneficiosos anteriormente descritos.

Estas predicciones que he avanzado aquí pueden parecer excesivamente esperanzadoras o positivas. Los profesionales de la salud mental tienden a ser escépticos y a enmarcar sus opiniones en un halo de amargura, ya que, sin duda, desde las trincheras en que trabajamos las cosas pueden parecer sombrías y cada vez peores. Por desgracia, la magnitud de los problemas con los que trabajamos nos impide tener una visión general más amplia que nos permita encontrar algo de esperanza e inspiración.

Todos sabemos que el problema contra el que estamos luchando no empezó ayer o hace apenas un par de generaciones, sino que tiene una historia de cientos e incluso miles de años. Por lo que podemos apreciar, tenemos la percepción de que tiene un mecanismo de transmisión casi vírico, que parece reproducirse generación tras generación. No obstante, si tenemos en cuenta el hecho de que en una sola generación hemos sido capaces de avanzar mucho en la investigación y de que la sociedad haya aceptado la idea de que el maltrato infantil es evitable, estaremos ante un logro importante.

Otros de los aspectos a resaltar es que, al mismo tiempo, se han abierto centros de atención y apoyo al menor que han rescatado a millones de niños de la miseria del abuso sexual. Si pensamos en ello, este tema está sembrado de una esperanza que nunca antes nos habíamos atrevido ni siquiera a acariciar: la de que los niños crezcan libres de violencia y abusos. Les insto a creer en esa esperanza; para ello piensen en lo limitada que es nuestra visión sobre el tema; observen todos los avances que hemos sido capaces de realizar en este campo, y cuántos aliados —llenos de talento, comprometidos y preocupados— ha despertado la lucha contra el abuso sexual infantil.

Referencias bibliográficas

Alexander, P. C. y Anderson, C. L. (1997): «Incest, attachment, and developmental psychopathology», en D. Cicchetti y S. L. Toth (eds.), *Developmental perspectives on trauma: Theory, research and intervention*, Rochester, NY, University of Rochester Press, pp. 343-377.

Bagley, C. y Ramsay, R. (1986): «Dispruted childhood and vulnerability to sexual assault: Long-term sequelae with implications for counseling», *Social Work and Human Sexuality*, 4, pp. 33-48.

Boney-McCoy, S. y Finkelhor, D. (1995): «Prior victimization: A risk factor for child sexual abuse and for PTSD-related symptomatology among sexually abused youth», *Child Abuse & Neglect*, 19 (12), pp. 1401-1421.

Browning, C. R. y Laumann, E. O. (1995): «Sexual contact between children and adults: Tracking the long-term effects» (manuscrito inédito), University of Chicago.

Finkelhor, D. (1979): *Sexually victimized children*, Nueva York, Free Press.

— (1984): *Child sexual abuse: New Theory and research*, Nueva York, Free Press.

— y Berliner, L. (1995): «Research on the treatment of sexually abused children: A review and recommendations», *Journal of the American Academy of Child and Adolescent Psychiatry*, 34 (11), pp. 1408-1423.

— y Browne, A. (1985): «The traumatic impact of child sexual abuse: A conceptualization», *American Journal of Orthopsychiatry*, 55 (4), pp. 530-541.

— y Dziuba-Leatherman, J. (1995): «Victimization prevention programs: A national survey of children's exposure and reactions», *Child Abuse & Neglect*, 19 (2), pp. 125-135.

Kendall-Tackett, K. A.; Williams, L. M. y Finkelhor, D. (1993): «Impact of sexual abuse on children: A review and synthesis of recent empirical studies», *Psychological Bulletin*, 113, pp. 164-180.

Lisa, D.; Hopper, J. y Song, P. (1996): «Factors in the cycle of violence: Gender rigidity and emotional constriction», *Journal of Traumatic Stress*, 9 (4), pp. 721-743.

Mullen, P. E.; Martin, J. L.; Anderson, J. C.; Romans, S. E. y Herbi-

son, G. P. (1993): «A study of the impact of child sexual abuse on social, interpersonal and sexual function in adult life», *Journal of Psychiatric*, 163, pp. 721-732.
Polusny, M. A. y Follete, V. M. (1995): «Long-term correlates of child sexual abuse: Theory and review of the empirical literature», *Applied and Preventive Psychology*, 4 (3), pp. 143-166.
Romans, S. E.; Martin, J. L.; Anderson, J. C.; O'Shea, M. L. y Mullen, P. E. (1995): «Factors that mediate between child sexual abuse and adult psychological outcome», *Psychological Medicine*, 25, pp. 127-142.
Stein, J. A.; Golbing, J. M.; Siegel, J. M.; Burnam, M. A. y Sorenson, S. B. (1988): «Long-term psychological sequelae of child sexual abuse: The Los Angeles Epidemiologic Catchment Area Study», en G. E. Wyatt y G. J. Powell (eds.), *Lasting effects of child sexual abuse*, Newbury Park, CA, Sage, pp. 135-154.

ÍNDICE

Prefacio a la cuarta edición 7

Introducción 9

PRIMERA PARTE

MALTRATO FÍSICO, MALTRATO EMOCIONAL
Y NEGLIGENCIA

CAPÍTULO 1. **Concepto, tipos e incidencia** (por JOSÉ SAN-MARTÍN ESPLUGUES) 15

   1. Introducción 17
   2. ¿Qué es el maltrato infantil? 19
   3. Incidencia 24
   4. ¿Por qué se produce el maltrato infantil? 34
   5. Conclusiones 42

Referencias bibliográficas 43

CAPÍTULO 2. **Factores de riesgo** (por JOEL S. MILNER) . . 45

   1. Introducción 47
   2. Definiciones de maltrato físico infantil 47
   3. Características del maltratador 48
      3.1. Factores sociales 50
      3.2. Factores biológicos 51
      3.3. Factores cognitivo/afectivos 52

    3.4. Factores comportamentales   55
 4. Características familiares   56
 5. Limitaciones de la investigación sobre el maltrato físico infantil.   57
 6. Conclusiones   60

Referencias bibliográficas.   62

CAPÍTULO 3. **Prevención y tratamiento** (por DAVID WOLFE)   65

 1. Introducción   67
 2. Diferentes aspectos del tratamiento   68
 3. Tratamiento de los padres.   69
    3.1. Enseñar a educar a los niños   71
    3.2. Estrategias cognitivas   73
    3.3. Estrategias para controlar la ira.   74
 4. Tratamientos enfocados al niño   76
 5. Intervenciones de apoyo a la familia   79
 6. Conclusiones   81

Referencias bibliográficas.   82

SEGUNDA PARTE

ABUSO SEXUAL

CAPÍTULO 4. **Concepto, factores de riesgo y efectos psicopatológicos** (por ENRIQUE ECHEBURÚA y CRISTINA GUERRICAECHEVARRÍA)   87

 1. Introducción   89
 2. Características descriptivas   91
    2.1. Tipos de abusos   91
    2.2. Detección del abuso sexual.   92
 3. Situaciones de alto riesgo   94
 4. Consecuencias psicopatológicas del abuso.   96
    4.1. Modelos explicativos   96
    4.2. Consecuencias a corto plazo del abuso sexual en curso   98
    4.3. Consecuencias a largo plazo del abuso sexual   99
 5. Factores mediadores de los efectos del abuso sexual infantil 104

6. Conclusiones	107
Referencias bibliográficas	109

CAPÍTULO 5. **Efectos neurológicos** (por JAMES S. GRISOLÍA) 113

1. Introducción	115
2. Análisis de la experiencia violenta	116
3. La respuesta biológica	117
4. Los efectos en los niños	123
5. El hipocampo: el daño permanente y su prevención	124
6. Conclusión	125
Referencias bibliográficas	126

CAPÍTULO 6. **Prevención y tratamiento** (por BARBARA L. BONNER) 131

1. Introducción	133
2. Tratamientos	137
3. Intervenciones en niños de preescolar	138
4. Intervenciones con niños en edad escolar	142
5. Intervenciones en adolescentes	143
6. La prevención del abuso sexual infantil	143
7. Conclusión	147
Referencias bibliográficas	149

TERCERA PARTE

VICTIMOLOGÍA INFANTIL (por DAVID FINKELHOR)

CAPÍTULO 7. **Factores de riesgo** (por DAVID FINKELHOR) . 155

1. Introducción	157
2. Los niños como víctimas de crímenes	158
3. No se presta atención suficiente a la violencia contra niños	159
4. Una tipología de la victimización infantil	162
5. Razones por las que está tan extendida la victimización infantil	163
6. Mitos acerca de las víctimas infantiles que inhiben la empatía con ellas	165
7. Los niños quedan menos afectados	165

8. Hacer frente a la violencia es algo que forma el carácter 167
9. Las peleas no pueden considerarse muestras de violencia 168
10. El interés profesional está fragmentado 169
11. Victimología evolutiva 170
12. Principios evolutivos concernientes al riesgo de victimización 171
13. Barreras estructurales que obstaculizan la empatía con la victimización infantil 172
14. No tienen voz alguna en la esfera pública 172
15. Los adultos tienen la responsabilidad de proteger a los niños 173
16. Miedo 174
17. Los adultos protegen su propia imagen 175

Referencias bibliográficas 176

CAPÍTULO 8. **Efectos** (por DAVID FINKELHOR) 179

1. Introducción 181
2. Algunas estadísticas sobre el impacto de la victimización 181
3. Principios generales acerca del impacto de la victimización 183
4. Impactos de la victimización en el curso del desarrollo 185
5. Factores de la victimización 186
6. Conclusiones 198

Referencias bibliográficas 199

CAPÍTULO 9. **Prevención y tratamiento** (por DAVID FINKELHOR) 203

1. Introducción 205
2. Origen de la concienciación social en torno al abuso sexual 205
3. El paradigma convencional de la investigación del abuso sexual 206
4. El abuso sexual y sus antecedentes adversos 208
5. La cascada de efectos negativos del abuso sexual . 210
6. La realidad de la recuperación 211
7. Factores que facilitan la recuperación 212
8. El tratamiento que realmente necesitan los niños . 214

9.	Implicaciones para las futuras investigaciones.	215
10.	Los mediadores del impacto del abuso sexual	216
11.	Implicaciones para los profesionales	219
12.	El impacto del abuso sexual en el contexto histórico y social	220

Referencias bibliográficas. 223